U0520162

图解 **精益制造** *091*

制造业
平台战略

製造業プラットフォーム戦略

[日] 小宫昌人 著

潘郁灵 译

图字：01-2024-4030 号

SEIZOGYO PLATFORM SENRYAKU written by Masahito Komiya
Copyright © 2021 by Masahito Komiya
All rights reserved.
Originally published in Japan by Nikkei Business Publications, Inc.
Simplified Chinese translation rights arranged with Nikkei Business Publications, Inc.
through Hanhe International (HK) Co., Ltd.

图书在版编目（CIP）数据

制造业平台战略/（日）小宫昌人著；潘郁灵译. -- 北京：东方出版社，2025.3
ISBN 978-7-5207-4090-6

Ⅰ. F431.364

中国国家版本馆 CIP 数据核字第 2024EJ9817 号

精益制造 091：制造业平台战略
JINGYI ZHIZAO 091：ZHIZAOYE PINGTAI ZHANLÜE

作　　者：	［日］小宫昌人
译　　者：	潘郁灵
责任编辑：	高琛倩
责任审校：	赵鹏丽
出　　版：	东方出版社
发　　行：	人民东方出版传媒有限公司
地　　址：	北京市东城区朝阳门内大街 166 号
邮　　编：	100010
印　　刷：	北京联兴盛业印刷股份有限公司
版　　次：	2025 年 3 月第 1 版
印　　次：	2025 年 3 月第 1 次印刷
开　　本：	880 毫米×1230 毫米　1/32
印　　张：	8.25
字　　数：	164 千字
书　　号：	ISBN 978-7-5207-4090-6
定　　价：	59.80 元

发行电话：（010）85924663　85924644　85924641

版权所有，违者必究

如有印装质量问题，我社负责调换，请拨打电话：（010）85924602　85924603

前 言
复兴制造业的秘钥"制造平台战略"

　　随着新兴国家企业的成长，日本制造企业的终端商品正在前所未有的低成本竞争冲击浪潮中苦苦挣扎。纵观全球市场，日本产品的存在感正在迅速消退。

　　话虽如此，日本企业多年苦心积累的"制造现场的专有知识和技术"依旧具有很强的竞争力，因为这些专有知识和技术是不可能仅依靠数字技术和外包就被轻易赶超的。

　　想要让正逐渐失去昔日荣光的日本制造业重现光彩，就要借助数字技术的力量，让日本企业所坚持的"技术力"和"现场专有知识"得到进一步提升，制造出具有竞争价值的全新商品——这正是本书的主要观点。

　　在这本书中，我提出了"制造平台战略"的观点，希望这能成为日本制造商利用自身优势获得全球竞争力的一个助力。这是一种从产品、服务的竞争中脱离出来，将制造企业积累的技术和专有知识作为一个平台，并对其他制造企业提供支援的全新商业模式。

采用数字孪生①技术建造的生产线、提供有"精巧"技术力的熟练工IoT、连接外部企业的"数字系列"……那些领先全球的企业早就从单纯的"销售"转变为了新型企业。

本书的前半部分主要阐述全球市场的变化形势及日本制造业所面临的危机,并在此基础上对"制造平台"的必要性,以及日本的优势所在进行说明。后半部分则主要对先进企业的管理体制进行详细分析,同时对读者朋友们在具体实践中需要注意的各项问题进行详细介绍。

希望本书能为日本制造商创建新商业模式、提高竞争力贡献一些微薄之力。

---

① 译者注:数字孪生是充分利用物理模型、传感器更新、运行历史等数据,集成多学科、多物理量、多尺度、多概率的仿真过程,在虚拟空间中完成映射,从而反映相对应的实体装备的全生命周期过程。

目　录

第 1 章　日本制造业已经不再处于全球领先水平

1　从制造业先进国家的神坛跌落的日本 …………… 003
2　日本制造业的现况 …………………………………… 005
3　数字时代下的日本制造业剩余优势 ………………… 007
4　制造平台战略的潜力 ………………………………… 015
5　"制造平台"应如何适应数字时代的需要 ………… 018

第 2 章　工业 4.0 和数字孪生革命会带来什么

1　制造业数字化与工业 4.0 正在席卷全球 …………… 024
2　中国·海尔平台 ……………………………………… 027
3　飞速发展的制造数字化 ……………………………… 029
4　数字革命已经到来 …………………………………… 035
5　什么是新平台 DAPSA ……………………………… 045

I

第3章　数字化带来的制造业结构变化

1. 生产技术的开放及生产线制造商的崛起 ·············· 056
2. 通过采购专有知识进入汽车制造行业
   ——越南 VinFast ·············· 062
3. 制造业的民主化与制造平台 ·············· 065
4. 日本制造业必须考虑转型"制造平台战略" ·············· 069

第4章　模式① 出售产品设计、核心零件技术

1. 丰田汽车——氢能汽车，核心零件模块销售 ·············· 080
2. 索尼/松下——充分发挥设计和构想能力 ·············· 085
3. 用于产品的生产线从量付费平台 ·············· 087

第5章　模式② 出售生产技术能力

1. 四种方式 ·············· 095
2. 电装成立工业解决方案事业部 ·············· 100
3. 日立制作所——充分利用生产技术 ·············· 104
4. 工程的要素分解与标准化、可视化 ·············· 106
5. 日本企业如何向全球生产线制造商学习 ·············· 108

第6章　模式③ 出售网络和体系专有知识

1. 两种方式 ·············· 119
2. 数字体系——企业、数据争夺战的时代已经来临 ·············· 122

3	BMW 与 VW 的做法	123
4	柯尼卡美能达、马来西亚 SIC 的举措	126
5	日式数字体系的优势和论点	129
6	生产共享、匹配平台	133
7	日本特殊陶业的共享工厂	136
8	日本——努力发展为新兴国家制造业平台	140
9	德国·国际数据空间	144

第7章　模式④　出售工程、现场专有知识和技术

1	"资深操作员 IoT"的出现	149
2	武藏精密工业的 AI 解决方案	155
3	出售工程及现场能力的先进日本企业	159
4	广受各行业和世界各地喜爱的资深操作员 IoT 需求	164
5	集日本所有优势于一身的资深操作员 IoT 平台	167

第8章　模式⑤　出售制造能力

1	如日中天的 EMS、ODM 的重要性	171
2	VAIO 的 EMS 服务	174
3	如何实现"为其他公司提供制造支援"的转型	176
4	一些中型公司中的成功案例	180
5	"孵化型制造平台"的出现	182

第9章 举措① 成为具有创新能力的企业、组织

1 制造企业转型时面临的问题 ………………………… 189
2 高层的支持——作为经营战略的 DX 方针（论点①）… 192
3 包括高层在内的跨组织讨论——组织结构的
  重要性（论点②） …………………………………… 194
4 创立数字解决方案的经营考核 KPI（论点③）……… 201

第10章 举措② 思考、实施具有竞争力的解决方案

1 核心识别和流程标准化（论点④）………………… 208
2 客户价值和商业模式（论点⑤）…………………… 213
3 解决方案的标准化功能和咨询建议功能（论点⑥）…… 226

第11章 举措③ 高效扩大规模

1 借助生态系统实现规模效益（论点⑦）…………… 235
2 从 QCD 向 VPS 的竞争主轴变化 ………………… 241

结语 以 DX 为契机，大力推动实施制造业平台战略……… 243

第 1 章

日本制造业已经不再处于全球领先水平

1 从制造业先进国家的神坛跌落的日本

"日本制造业已经不再处于全球领先水平"——听到这句话,想必很多人都会感到诧异吧。日本制造业曾经主宰过世界,包括丰田生产方式在内的日式管理,向来是世界其他国家的研究、对标对象。

那么,随着数字化技术的不断进步,世界各国如今又是怎样看待日本制造业的呢?世界经济论坛(WEF)将全球69家工厂列为全球灯塔企业,也就是制造行业的标杆企业。而日本企业就曾缺席过一段时间,直到2020年才终于有两家日本工厂成功入选。

这两家工厂中,一家为外资企业GE医疗集团的海外工厂,这意味着入选的日本企业实际上只有日立制作所Omika工厂一家。而纵观全球其他国家,中国工厂入选了21家,可谓独占鳌头;此外还有美国7家、德国5家、其他新兴国家合计18家。这么一比较,日本的两家工厂真是不值一提啊。

直到现在,依旧有很多人觉得"日本制造,全球领先"。但随着数字技术的不断发展,昔日的"灯塔"地位早已被包括新兴国家在内的世界其他国家所取代。

当然,WEF不可能对日本国内的所有工厂进行评估,日本各大企业在向WEF展示自我的过程中，或许也没有其他国家那么努力，所以这个结果并非评判工厂领先性的唯一依据。即便如此，单纯就日本企业没有被WEF列入全球灯塔企业的这个现象而言，我们不难看出，在全球数字化浪潮中，日本正在逐步失去其作为制造业领先国家的地位。

2　日本制造业的现况

新兴国家的崛起所带来的威胁

日本制造业,尤其在汽车和电子行业领域,向来具有无人可及的国际地位。日本也因此被许多国家视为一种威胁,并导致了贸易摩擦的加剧。人们纷纷深入研究日本制造背后的本质,这些研究成果也被实际运用于许多企业的经营和管理中。

1979 年,哈佛大学的傅高义(Ezra Vogel)教授写了《日本第一》一书;人们对丰田生产方式进行分析总结后形成了"精益生产方式";日本企业的品质管理分析结果被归纳成"六西格玛"等体系,受到欧美制造业的极大关注。足可见日本制造业曾经是何等辉煌了。

然而,随着新兴国家的崛起,日本不仅在价格方面毫无胜算,就连一贯引以为豪的品质都在逐渐失去优势。例如,一直作为日本支柱产业的汽车零部件行业,一直稳如泰山的一级供应商地位如今也出现了裂缝,部分企业已经被新兴国家的 EMS 企业(制造承包企业)所取代。以往在开发新车型的时候,零件制造商会与汽车制造商共同设计部件,并基于该结果来设计和制造己方生产线,然后交付成品。如今,这些流程正被 EMS

企业逐步取代，汽车制造商可以直接委托 EMS 企业进行开发和制造，如此一来自然也就慢慢形成了"抛弃一级供应商"的布局。

数字化和商品化的浪潮

除此之外，还出现了两个进一步弱化日本企业地位的环境变化。首先是制造流程的数字化及全球化的加速。在德国提出工业 4.0（通过信息物理系统推动制造业发展）的概念后，德国、美国、中国等国家的企业就着手推进制造领域的标准化，并借助数字手段实现控制和专有知识拓展，从而有效推动它们在包括新兴国家在内的世界各国的业务扩张。而日本企业的大部分专有知识都与"人"有关，所以在开拓海外市场时，就必须派出生产技术人员等，借助"人"的移动来转移专有知识，这就使得日本企业在速度上远远落后于其他国家。

其次，硬件产品的商品化与差异化如今已经转移到了平台等数字服务解决方案产品。日本企业虽然在产品的 QCD（品质、成本、交付）方面一直具有很大的优势，却没有赶上这波价值转移的浪潮。除丰田汽车等少数企业外，大部分公司已然身陷全球制造业的竞争囹圄之中。

3　数字时代下的日本制造业剩余优势

随着日本制造业存在感的相对下降，当务之急便是调整数字时代下的竞争战略。"产品"这个传统制造业的产出物正在逐渐失去竞争力，日本企业应掉转方向，瞄准多年积累的现场技术、专有知识等强项，并不断提升自身优势。

一直以来，日本企业都不重视这些技术和现场专有知识的标准化，而且任由其成为暗默知识、专人享有的知识。随着数字技术的发展，这些技术和专有知识的标准化成为可能，并能以"可见"的形式为其他公司所用。物联网、3D传感和数字孪生等就是十分具有代表性的例子，可以借助于这些方法将日本的优势转化为数字时代下的企业竞争力。我认为，日本的优势可以大致分为：①【精湛的现场技术和专有知识】、②【"沟通"型工作方式】。下文中我将逐一进行说明。

精湛的现场技术和专有知识

首先是①【精湛的现场技术和专有知识】。日本制造业对品质和技术有着严苛的要求，下面就举几个典型的例子来具体说说各方面的优势所在。

【开发】制造商与零件制造商在零件开发方面的通力合作。

【开发】产品技术和品质的持续改良、改进。

【生产技术】内部生产技术及工程部门的先进生产线、工艺开发。

【生产技术】能最大限度发挥出员工能力的自动化生产线。

【供应链】体系内各公司通力协作，通过技术共享、生产力及品质指导等方式提升体系内的整体竞争力。

【制造、供应链】通过准时化将库存降至最低。

【制造】凭借熟练技能工与精巧工艺实现高品质生产。

【制造】自主型改善活动，每一位现场员工都具有高度的品质意识。

【跨组织合作】能够打破组织间的壁垒，积极交流经验，带着问题意识展开产品设计、生产线设计、制造、售后等各项工作。

可以说，从开发、设计、生产技术（生产线设计）、制造到品质保证，已经形成了一个能够尊重和充分发挥出现场员工能力的体制。日本制造业的标准化并非自上而下的，而是各组织自主思考、带着问题意识和智慧持续改进后形成的结果，且极具竞争力。

一直以来，日本企业在启动某个新项目时，包括产品设计、生产技术、制造、品质保证及售后服务在内的所有部门都会积极提出自己的意见。虽然许多世界级的大型公司一直希望能够通过完善数字工具来实现这些流程的高效化，但其实日本的制造企业早就通过现场和人员优势实现了这一点。

第 1 章 日本制造业已经不再处于全球领先水平

后文中会涉及的基于 3D 数字孪生技术的生产线设计也是如此。到目前为止，日本企业的生产线设计都是由生产技术部门的资深工程师操刀，他们基于多年的实践经验，按照产品的设计图来构思和设计，并在现场不断调整、改进直至成型。不过这个过程如今已经实现了数字化，被 3D 工厂模拟器所取代。

可见，将日本制造企业在操作和流程方面的传统优势结构化、标准化，并进行整合后，就形成了一种数字工具。换而言之，随着数字化的发展及这些工具的不断普及，日本企业在现场及员工方面所拥有的优势正在不断弱化。

日本企业的上述优势离不开"人"的支持。但也正因如此，这些技术和现场专有知识难以被标准化。资深员工不断老去、退休很容易造成技能传承的断代，而且现代社会的工作方式早已不同于往日，不仅外籍员工的数量在逐步增加，职场环境也出现了许多变化，自然不能再对"人"的拼搏和努力寄予厚望了。

重要的不是工具，而是专有知识和操作

在数字技术的使用中，重要的不是工具本身，而是工具中所包含的专有知识和操作。如果因为不能善用数字工具而导致企业优势难以发挥竞争力，那可就是一件十分遗憾的事情了。

包括全球灯塔企业、由新加坡主导且受到全球认可的智能产业就绪指数（Smart Industry Readiness Index：企业成熟度评估指数，下文会说明）等在内，世界上已经出现了各类用于评价

数字时代下的先进制造业及工厂的制度和标准。虽名称各有不同，但一定都包含"数字技术带来的高效化"这个项目。即便如今的日本制造业在现场技术能力和专有知识方面尚有优势，但在数字工具方面处于落后的状态，所以前路如何尚不得而知。

对日本企业而言，如今的首要任务便是善用数字技术，将现场的技术和专有知识优势成功转化为"数字时代下的竞争力和价值"。

此外，现在已经可以借助数字技术，或委托外部厂商来协助建立生产线了，所以即便公司内没有牢固的知识积累，也能从外部"购买"制造技术了（这里的制造被称作"80%的制造"）。

于是许多企业纷纷跨行进入制造业，以中国为代表的新兴国家制造商，也借着这一东风实现了迅速扩张与技术改革。新加入者数量的快速激增，对日本制造业而言无疑也是一种巨大的冲击。

"20%的壁垒"是很高的

但与此同时，日本企业也迎来了新的挑战和机遇。既然上述的80%的制造可以通过"采购"轻易获得，那么剩下20%的重要性和价值自然也就不容小觑了。剩下的20%可以说是日本企业最关注的极限领域，例如以"零点一秒"为单位来改善生产力，等等。

日本企业在不断的试错和改进中，积攒了许多宝贵的技术和专有知识，已经非常接近100%的目标了。而对于那些通过采

第1章　日本制造业已经不再处于全球领先水平

购技术建立起80%的制造的公司而言，剩余的"20%的壁垒"则犹如一道难以跨越的鸿沟。

例如，美国的电动汽车企业特斯拉在建厂后也遇到了一些生产技术方面的难题，花了很长时间才终于顺利投产；委托工程服务外包（ESO）和制造承包企业（EMS），基于自己的商业构想和理念创办企业的所谓的创客们，也时常被品质问题困扰，这些都是非常典型的案例。

下文中我们也会提到越南房地产集团VinFast进军汽车制造业的案例。为了弥补自己在汽车制造技术"专有知识"方面的不足，该集团聘用了原通用汽车的各位顶尖工程师出任副总裁等关键职位。

如何利用剩余的20%，也就是如何积累属于自己的技术和专有知识，决定了一家企业能否在国际市场中站稳脚跟。例如，可以利用IoT对加工、焊接和材料处理等单个工序中资深技术者的动作进行分析，并提出解决方案，也可以将日本企业的先进工艺和生产线技术整理成产品包并对外出售。

通过数字工具，可以将这些暗默技术和专有知识形成可视化、标准化的体系，并让其他公司理解其中的价值。日本企业也可以通过技术和专有知识的数字化，继续走在包含新兴国家公司在内的全球制造业前沿。

"沟通"型工作方式

其次是②["沟通"型工作方式]。如上所述，日本企业中的各个部门都会在工作中积极分享自己的技术和专有知识,在这种沟通中建立起"自下而上"的工作方式。欧美企业则不同,它们的管理是"自上而下"的,设计部门或上游的计划部门做出决定后会形成定义或标准,以确保所有人都能准确无误地执行。这是在由日本制造业主导的时期,人们针对日本企业进行对标、研究竞争策略后总结出来的结论,而工业4.0则处于这个结论的延伸线上。

图表1● 未来,日本可以向全球出售精湛的生产技术能力与现场能力

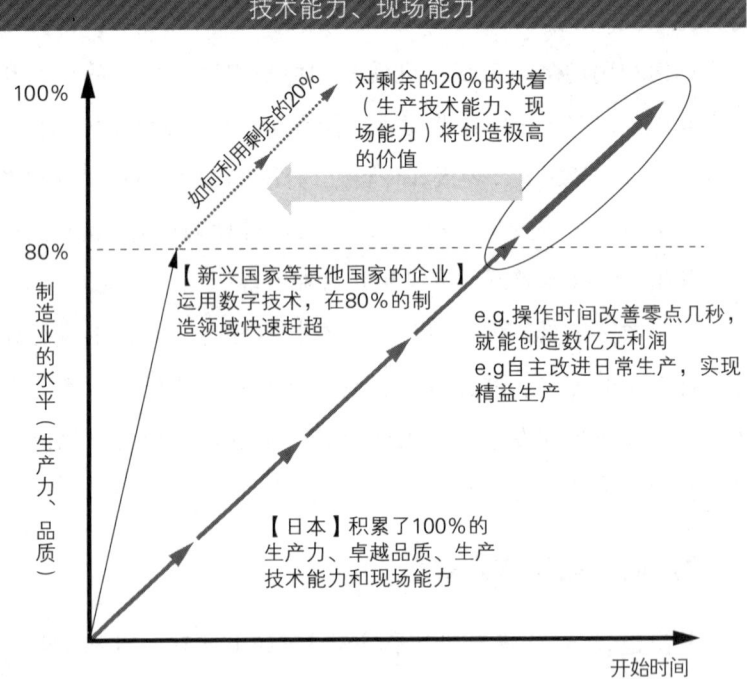

第1章 日本制造业已经不再处于全球领先水平

与制造型企业一样，为外部制造企业提供解决方案的欧美企业采取的也是"自上而下"的方式。它们不会根据客户的需求进行定制，而是提供标准化的软件，客户须基于这个软件按照需要自行调整。

与欧美企业基于"解决方案提供者的角度"相反，日本制造业更偏向于从"用户的角度"看待问题，也就是将自身定义为"制造业服务商"，基于自身积累的技术和专有知识，为客户提供满足其制造管理及操作需求的解决方案。

不久前，某家东南亚财团同时收到了来自欧美公司和日本公司的制造问题解决方案，最终选择了日本公司作为自己的合作伙伴。从该财团的考虑因素中不难看出，日本公司有其特殊的优势与价值。

"如果接受德国公司的提案，我们就必须大幅改变现有的业务结构来匹配它。而日本的解决方案则是以我们现有的结构为基准来制定的。""这会提升现场操作人员的能力和积极性。"

日本的定制化姿态时常受到批评，其实并非毫无可取之处。最重要的是，要将产品分为两个部分：标准化部分和可以应对客户要求的灵活性部分。日本的企业正因为时刻谨记顾客第一的原则，才能够提出契合制造业操作现状与挑战的建议。

基于这一点，我认为日本制造企业完全可以依靠自有技术和专有知识构建出具有竞争力的制造平台。

图表2 ● 基于现场角度、问题和操作迅速提出Sol建议

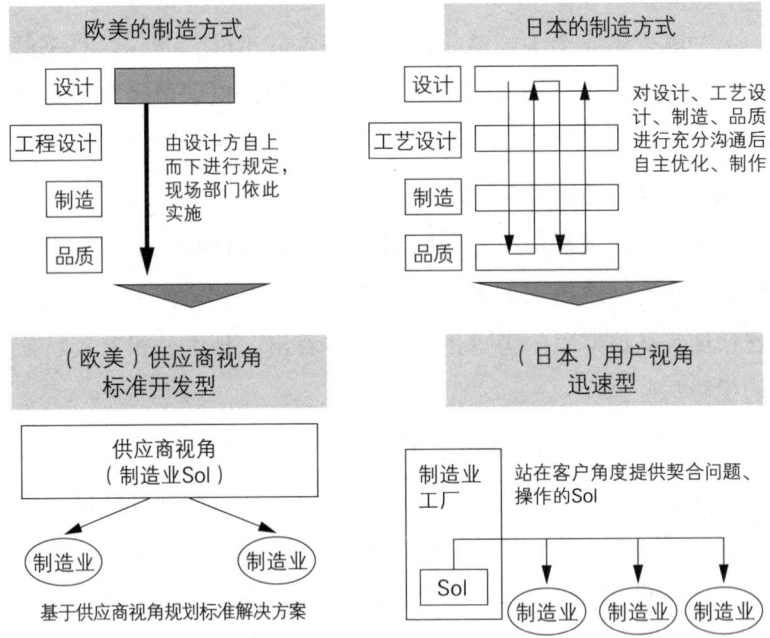

4 制造平台战略的潜力

未来，日本公司需要从仅输出产品的经营方式，转变为利用数字技术加强日本在"技术能力"和"现场专有知识"方面的优势并进行推广的方式。为此，需要建立起"制造平台"战略，为包括新兴国家在内的有需要的制造企业积极提供专有知识方面的解决方案。

本书中提到的"制造平台战略"可以在几个方面借助数字技术为其他制造企业提供解决方案：①产品设计能力；②生产技术能力；③体系供应链；④工程、现场专有知识；⑤制造能力。

本书的第 2 章也会对构建制造平台的前提条件，即数字化带来的变化趋势进行简要介绍，并在第 3 章中说明为何需要构建制造平台。

从第 4 章开始，我会详细谈谈制造平台发展的具体方向。我会分别举例说明基于第 4 章的产品设计、第 5 章的生产技术、第 6 章的体系供应链、第 7 章的工程、现场专有知识及制造能力构建的制造平台案例。

在第 8 章中，主要针对日本企业在发展制造平台时面临的问题以及应对方向进行说明。图表 4 中列出的公司，便是本书中会作为案例出现的已在使用制造平台的公司。

图表3 ● 制造平台战略结构

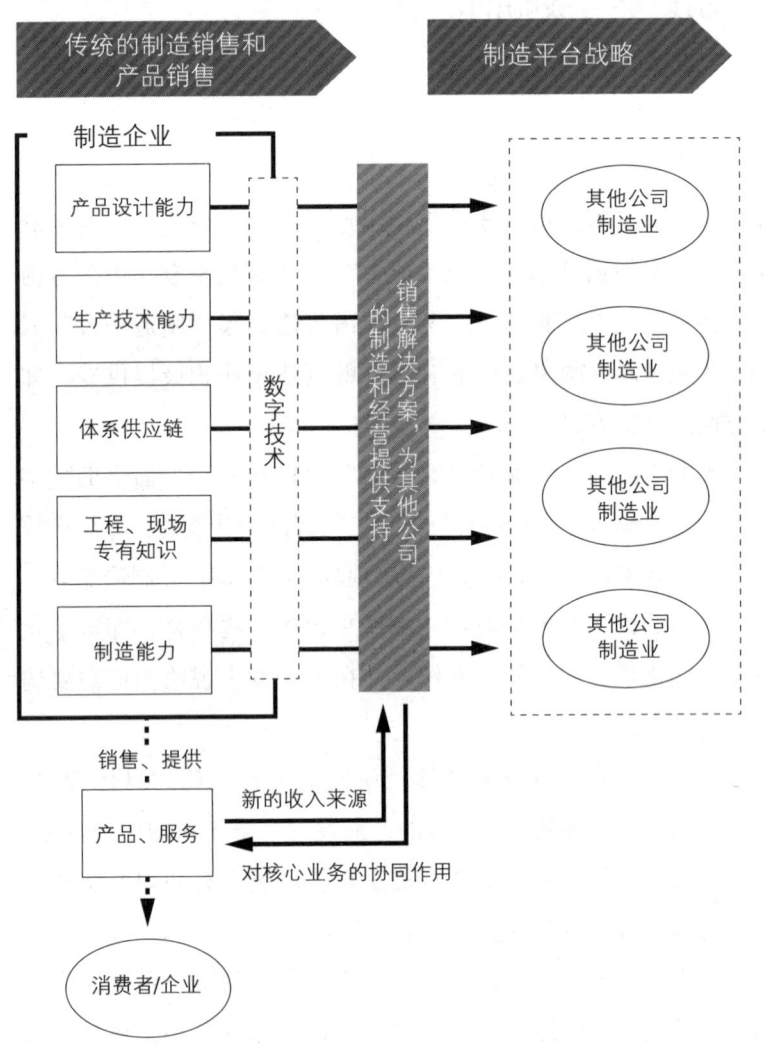

016

第1章　日本制造业已经不再处于全球领先水平

图表4 ● 本书中介绍的制造平台企业

卖什么	经营模式	概要	#	企业案例		
(1) 产品设计、核心零件技术	概念模块制造者	充分调动自身的设计和开发能力,向同行业及其他行业销售产品概念和核心零件	1	丰田	索尼	松下
(2) 生产技术	教育、咨询	借助自身的生产技术和专有知识,提供制造相关的培训和咨询服务	2	电装		
	生产线制造商	借助自身的生产技术能力,为客户提供生产线设计和建设方面的支持	3	日立制作所		
(3) 体系供应链	数字体系	通过IoT将本公司与供应商连接起来,并将其延伸至供应链之外	4	柯尼卡美能达		
	生产共享平台	借助供应商管理方面的专有知识,为生产共享和匹配提供支援	5	日本特殊陶业		
(4) 工程、现场专有知识	工程平台	将各工程的专有知识进行数字化、仪器化,并对外销售	6	武藏精密工业		
			7	HILLTOP(一家专门进行铝材切削加工的中小型制造商)		
(5) 制造能力	咨询型EMS	充分利用制造能力、设计能力优势,从产品设计开始为其他公司提供制造方面的支援	8	VAIO(笔记本电脑品牌)		
	孵化型制造平台	利用自身的生产设备和能力孵化新公司	9	滨野制作所		

5 "制造平台"应如何适应数字时代的需要

说到"制造平台",可能很多人都会忍不住担心专有知识的外流,以及由此导致的自身竞争力下降,因为它的利润来自向其他制造商提供支援。不可否认,多年来日本制造行业不断向合作或合资的中国及其他新兴国家公司转让专有知识和技术,的确让对方的竞争力提高了不少,也的确对日本企业的相对优势有所影响。

不过在看待"制造平台"发展的问题时,还应注意到一些重要方面。

首先就是本书中一直反复强调的:①核心与非核心的划分。许多日本企业都将专有知识视为公司的核心资源,所以不愿意借他人之手开发产品。但其实应该将其划分为两个部分:作为公司竞争力来源的保密技术(竞争领域)和其他一般技术(合作领域)。

显然,如果将前者提供给其他公司,公司的竞争力自然就一落千丈了。日本企业之所以会因为提供专有知识而导致竞争力下降,主要原因就在于没有正确划分核心与非核心技术,所以才会出现核心技术、人员和设备的外流。企业应认真思考哪些是公司竞争力的来源和核心,哪些是可以作为商品对外销售的，哪些是可以借助外部技术和企业的力量来提高资源效率的。

其次，随着数字技术的不断发展，我们需要建立起可以防止专有知识外流的机制。这一点可以参考图表5中的内容。

日本企业一直是依靠设备和人员来实现技术的传承。由日方派遣技术人员前往当地工厂或当地的合作、合资公司，为当地人员开展全方位的培训。这就是通过人员进行技能转移的主要方式。

但这种方式不仅费时，还经常出现员工在接受培训后离开公司，或被猎头公司挖走的情况，最终导致技术及专有知识惨遭泄露的问题。

在数字化的背景下，技术的转移方式也在改变。借助制造操作的数字化，就可以直接从母厂将生产体制复制到海外工厂。正如下文中会提到的德国工业4.0，其根本目标之一便在于推动德国企业向新兴国家市场的有效扩张。

如此一来就可以实现技术和专有知识的快速转移。更重要的是，虽然可以借助数字化来复制操作，但专有知识的核心部分依旧可以被黑箱化。

例如，通过IoT应用程序提供设施管理专有知识时，可以将基于数据的分析结果反馈给当地的公司，但分析方法则被保留在总部内。对日本企业而言，开发出适应数字时代发展的制造平台是非常重要的。

图表5 ● 数字化的背景下专有知识的转移方式

传统的制造网络【个人型优化】

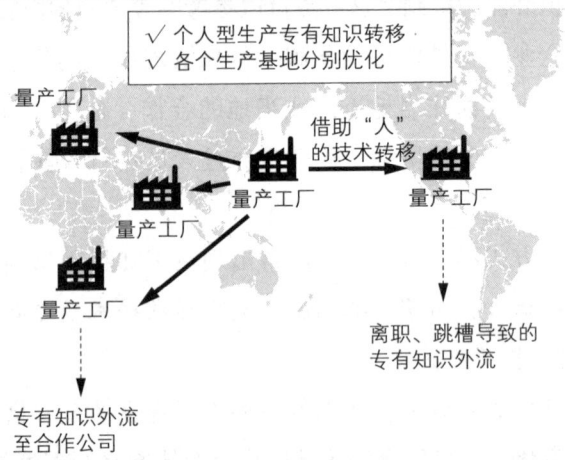

✓ 个人型生产专有知识转移
✓ 各个生产基地分别优化

借助"人"的技术转移

量产工厂

离职、跳槽导致的专有知识外流

专有知识外流至合作公司

第四次工业革命后的制造网络【数字优化】

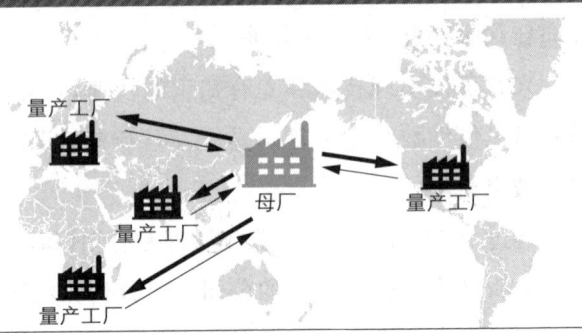

✓ 通过数字（软件）实现生产专有知识的转移和优化
✓ 为母厂积累数据，及时解决问题

第 2 章

工业4.0和数字孪生革命会带来什么

第 2 章　工业 4.0 和数字孪生革命会带来什么

在第 2 章及第 3 章中,我们将对制造业数字化的变化进行说明,而这一变化的前提便是制造业平台。本章内容主要涉及第四次工业革命(工业 4.0)及制造业数字化带来的变化。此外第 3 章中,针对因出现了许多新兴企业、加速了横向分工所导致的对制造平台的需求增加这一现象进行分析说明。

1 制造业数字化与工业4.0正在席卷全球

工业4.0带来的冲击

制造领域的数字化飞速发展,主要是受到了工业4.0的影响。工业4.0是以德国前总理默克尔为核心提出的德国国家战略,旨在加深工业界、学术界和政府之间的大力合作。工业4.0即第四次工业革命,是德国联邦教育、研究部及素有学术智囊团之称的德国工程院于2011年提出的概念。

工业1.0是蒸汽机时代,工业2.0是电气化时代,工业3.0是以电子、IT、自动化为代表的信息化时代。工业4.0则代表由融合了现实世界和数字世界的CPS(Cyber Physical System,信息物理系统)引起的工业革命。

CPS又被称为数字孪生技术,即"数字双胞胎",是指通过在数字空间和物理空间中创建完全等价的信息模型,通过仿真、分析和优化,最终将结果反馈给物理空间的整个过程。关于CPS和数字孪生的内容,将在本章的后半部分进行详述。

德国之所以积极推进工业4.0,原因涉及多个方面,但主要目的还是在于"在新兴国家的有效部署"和"制造技术的服务化"。随着德国及欧洲市场的不断成熟,德国公司急切需要扩大

第2章 工业4.0和数字孪生革命会带来什么

图表6 ● 第四次工业革命的定义

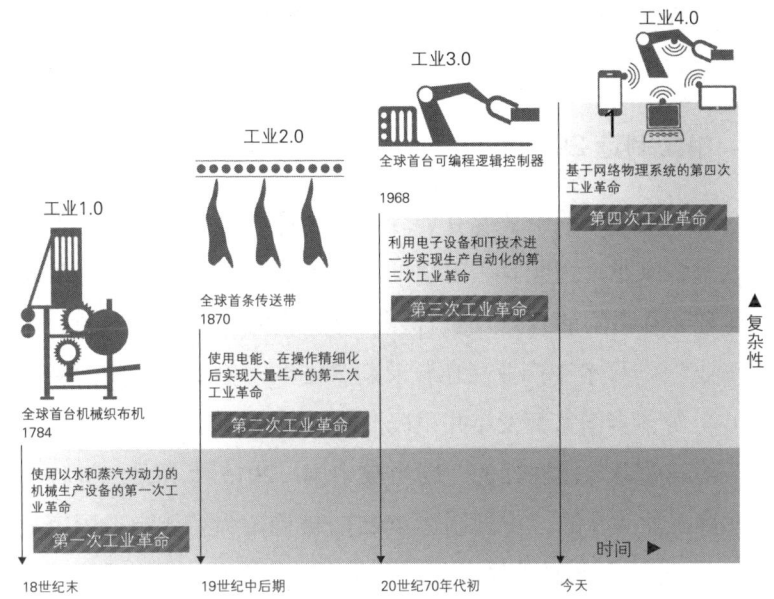

在中国及其他新兴国家市场中的发展空间。

通过对现有制造技术及专有知识的数字化,可以快速、有效地实现在新兴国家新建工厂和运营转移的目标,再运用软件进行黑箱处理后,就能确保将附加值留在本国了。此外,销售这些专有知识和技术也能为中小企业等公司创造新的收益。

这也是本书所述"制造业平台"的主要内容。西门子、博世等德国企业在工业4.0中发挥着主导作用,它们通过将母公司的专有知识有效地复制到世界各地的其他制造厂,并进行黑箱处理的方式,大大加速了向新兴国家市场的扩张。同时,它们将在各地制造业务中获得的专有知识开发整理成制造业发展所需的数字服务，以及制造工厂自动化所需的 FA 产品（工厂自动化：推动实现生产工程自动化和数字化的产品），并提供给其他制造商使用。

中国制造 2025

起源于德国的工业 4.0 如今正迅速席卷全球。由美国通用电气等多家龙头企业联手组建的工业互联网联盟正在努力实现与工业 4.0 之间的合作及融合。此外，欧洲（例如法国的"未来工业"）、日本（产业互连）及新兴国家（例如泰国的"泰国 4.0"）等诸多国家都发布并积极推进关于智能制造的政策建议。

而其中最具代表性的，则当数中国。2015 年 5 月，被称为中国版工业 4.0 的"中国制造 2025"被确定为智能制造国家战略。"中国制造 2025"提出了将中国从利用低廉劳动力成本和庞大市场优势提供制造基地的"世界工厂"，转型为以创新引领世界制造业发展的"制造强国"的战略目标，且正在稳步推进中。

在上文提到的全球灯塔企业中，中国工厂的入选数量高达 21 家，远远领先于有 7 家工厂入选的美国和 5 家工厂入选的德国，已当之无愧地成为全球领先的制造业大国。

2　中国·海尔平台

提到中国制造的飞速发展，就不得不说说成立于 1984 年的全球最大家电制造商"海尔集团"了。该公司因收购三洋电机及通用电气的家电部门而名声大噪，还一度被认为是一家只会收购技术和专有知识的公司。但事实上，海尔早已出现了翻天覆地的变化，如今的它早就成了技术提供者，持续向世界各国输出属于自己的创新技术。

海尔公司在冰箱等生产工厂（沈阳、青岛）实现了"大量客制化"系统，可以利用数字技术及自动化技术满足客户在功能、设计和颜色等方面的个性化需求，且生产效率极高。同时，该公司也凭借着这一先进技术优势，成功入选全球灯塔企业。

基于这一技术，海尔开发出了领先全球的大量客制化平台"COSMOPlat"，并已成功销售至二十个国家的各类制造型企业。该平台现已被国际标准组织指定为大量客制化的标准制定者，成为国际标准的主导者。

传统观念认为，要想在提高生产力的同时降低成本、提升产品的稳定性，那么就应该使用同一生产线和设备来大批量生产少数几种产品。但随着客户需求的不断增多、产品生命周期的持续缩短，包含日本企业在内的大多数制造商都在不懈地努

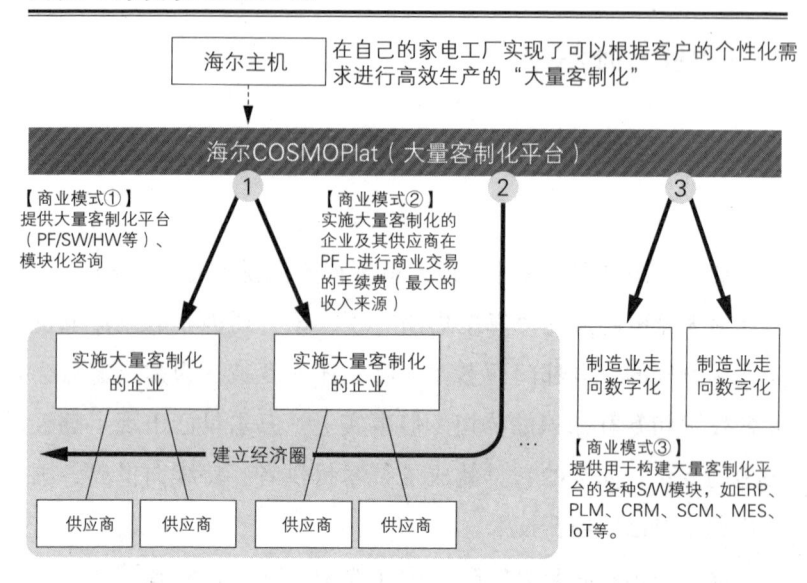

图表7 ● 海尔的COSMOPlat

```
海尔主机 ----> 在自己的家电工厂实现了可以根据客户的个性化需
                求进行高效生产的"大量客制化"
```

海尔COSMOPlat（大量客制化平台）

【商业模式①】
提供大量客制化平台
（PF/SW/HW等）、
模块化咨询

【商业模式②】
实施大量客制化的
企业及其供应商在
PF上进行商业交易
的手续费（最大的
收入来源）

① 实施大量客制化的企业 — 供应商、供应商
② 实施大量客制化的企业 — 供应商、供应商
建立经济圈

③ 制造业走向数字化　制造业走向数字化

【商业模式③】
提供用于构建大量客制化平
台的各种S/W模块，如ERP、
PLM、CRM、SCM、MES、
IoT等。

力，通过制造工艺的标准化、降低转换时间等方法，逐步实现了多品种低产量的生产方式。对制造企业而言，多品种低产量可以说是技术和专有知识成果的体现。

此次，海尔通过数字技术，在多品种低产量的基础上进一步实现了"大量客制化"。这意味着曾经的德国、日本等发达国家的制造业处于"知识提供者"立场，新兴国家制造业处于"知识接受者"的国际形势，已经悄然发生了剧烈的变化。而我们也必须正视这一变化，积极学习中国及其他新兴国家制造业的先进之处。

3　飞速发展的制造数字化

在搭建制造平台之前,我们需要先了解工业 4.0 和数字化让制造领域出现了哪些技术变化。

图表 8 展示了制造企业的价值链,软件、硬件和服务,以及各出现了哪些创新和技术变化。制造业的数字化通常与"预测性维护"技术有关,这种技术可以通过 IoT 监测工厂生产设备的运行状况及振动等数据,实现对故障和停工的预测作用。

GE 于 2012 年发布的工业互联网白皮书中,就提到了可以通过使用传感器来监测涡轮机等硬件,以预测故障、优化维护,这在当时受到了世界各国的广泛关注。然而,制造业的数字化正在逐步贯穿整个制造过程,我将在后文中进行详细说明,主要的技术趋势可以归纳为以下四点:

【制造数字化带来的主要变化】

①让大量客制化和弹性生产线成为可能

②基于 IoT 的制造专有知识的民主化、市场化、As a service 化

③利用数字孪生革命实现工程链整合

④生产技术的标准化和生产线制造商的崛起

图表8 ● 制造领域的创新趋势

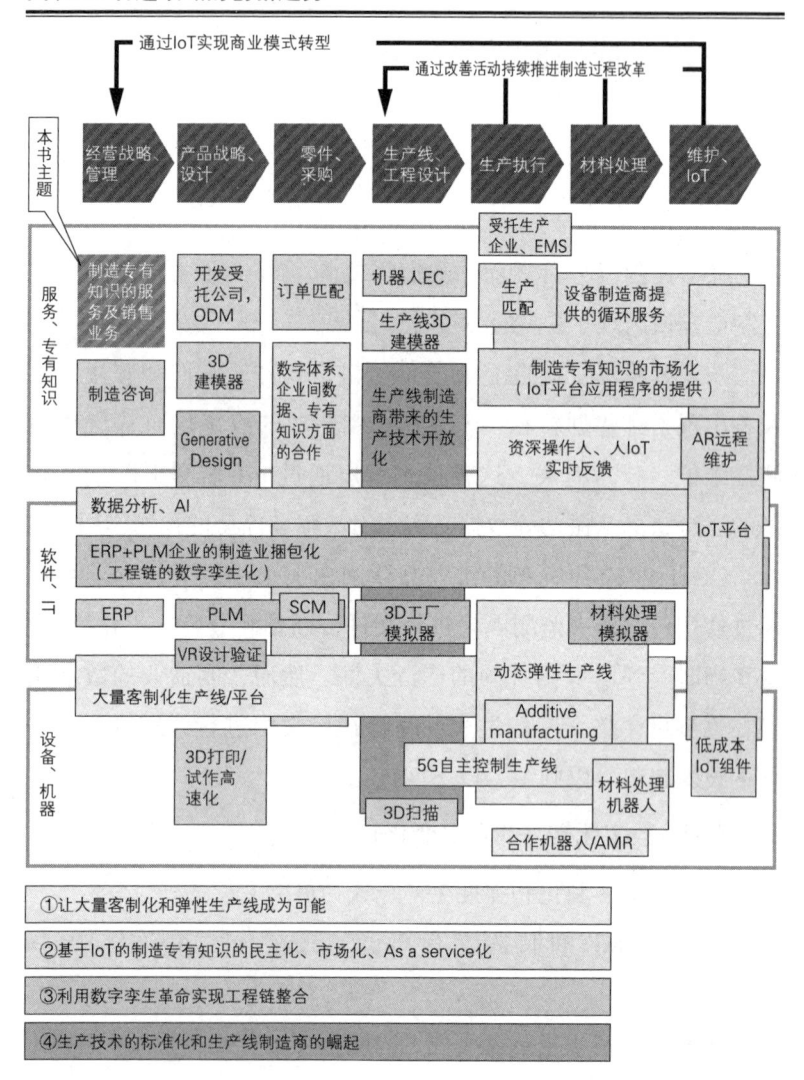

本书主题	经营战略、管理	产品战略、设计	零件、采购	生产线、工程设计	生产执行	材料处理	维护、IoT

通过IoT实现商业模式转型 ↓（经营战略～生产线、工程设计）
通过改善活动持续推进制造过程改革 ↓（生产执行～维护、IoT）

服务、专有知识
- 制造专有知识的服务及销售业务
- 制造咨询
- 开发受托公司、ODM
- 3D建模器
- Generative Design
- 订单匹配
- 数字体系、企业间数据、专有知识方面的合作
- 机器人EC
- 生产线3D建模器
- 生产线制造商带来的生产技术开放化
- 受托生产企业、EMS
- 生产匹配
- 资深操作人、人IoT实时反馈
- 设备制造商提供的循环服务
- 制造专有知识的市场化（IoT平台应用程序的提供）
- AR远程维护

软件、IT
- 数据分析、AI
- ERP+PLM企业的制造业捆包化（工程链的数字孪生化）
- ERP
- PLM
- SCM
- VR设计验证
- 3D工厂模拟器
- 材料处理模拟器
- IoT平台

设备、机器
- 大量客制化生产线/平台
- 3D打印/试作高速化
- 3D扫描
- 动态弹性生产线
- Additive manufacturing
- 5G自主控制生产线
- 材料处理机器人
- 合作机器人/AMR
- 低成本IoT组件

①让大量客制化和弹性生产线成为可能
②基于IoT的制造专有知识的民主化、市场化、As a service化
③利用数字孪生革命实现工程链整合
④生产技术的标准化和生产线制造商的崛起

让大量客制化和弹性生产线成为可能

正如上文中关于海尔大量客制化的案例中所述，如今的制造业已经从大批量制造固定产品的方式，逐渐转变为少量、灵活的生产方式，以满足日益复杂化、多样化的客户需求。随着生产线模拟技术等数字方面的不断发展，物理方面也出现了能够灵活应对的生产线。

到目前为止，制造业都是采用固定式的生产线，不过也有人提出了一种概念，即如图表 9 所示的，使用人力与机器人协作的制造方式，或生产线可随着生产工程而移动的制造方式。此外，能够监测员工动作的防误系统，及能够直观地提示下一工程的 3D 系统，对日益复杂的制造领域而言，也是十分重要的。如此一来，不仅可以快速响应客户需求的变化，还能快速且灵活地应对同样处于激烈变化之中的商业环境，例如在新冠疫情初期，一些汽车生产商就迅速将生产线切换为面罩及呼吸机生产线，为适应快速变化的商业环境进行灵活制造也变得越来越重要。

制造专有知识的民主化及"As a service 化"的加速

再说 "②基于 IoT 的制造专有知识的民主化、市场化、As a service 化"，随着 IoT 等制造流程数字化的不断发展，一些公司开始将这些专有知识作为商品进行销售，还有一些公司则借助这一东风实现了迅猛发展。而成功实现专有知识传递的一个基

图表9●可对应弹性制造的生产线结构

| 德国机器人制造商库卡 | 德国FA企业博世 |

引自：库卡、博世资料

础，便是 IoT 平台。

IoT 平台是实现数据传感、存储、分析和优化等机制的基础，GE 接受了工业互联网的倡导，开始对外销售自己的机制。Predix 作为早期的 IoT 平台而备受关注。此外，后述的 PTC 公司 ThingWorx 以及西门子的 MindSphere 等，也均为世界领先的大型数字孪生平台企业。日本企业中，最广为人知的当数机器人制造商发那科的 FIELD system 以及日立制作所的 Lumada 了。

这些 IoT 平台与数据基础设施共同开发利用这些数据进行分析的应用程序，但平台公司并不能将这一程序用于所有的用途和场景。于是，一种被称为生态系统的伙伴网络应运而生，它们利用自己的行业优势，同步在平台上开发出用于特定领域的应用程序，以提升平台的价值。

对于平台公司而言，吸引拥有卓越的专有知识及技术能力的合作伙伴参与策划，是一件非常重要的事情。

第2章 工业4.0和数字孪生革命会带来什么

例如，在开发西门子的 IoT 平台 MindSphere 时，西门子公司就与其合作伙伴一起参与了开发工作，该平台允许通过一个类似于 iPhone 应用商店的市场进行交易。此外，该公司还收购了一个低代码开发平台，从而实现了拖放式应用开发和数据整合，所以即使它的合作伙伴不具备 IT 实装能力，也同样可以进行高效的应用开发。由此可见，在开发内部应用平台时，若能让具备专有知识的伙伴共同参与，定会达到事半功倍的效果。

同时，对于拥有专有知识的公司而言，也可以通过这一平台提升自己的实力。例如日本的 AI 企业 LIGHTz，就曾借助西门子的 MindSphere，将其关联模具公司 IBUKI 内部资深技术人员

图表10 ● 利用IoT平台转移专有知识的结构

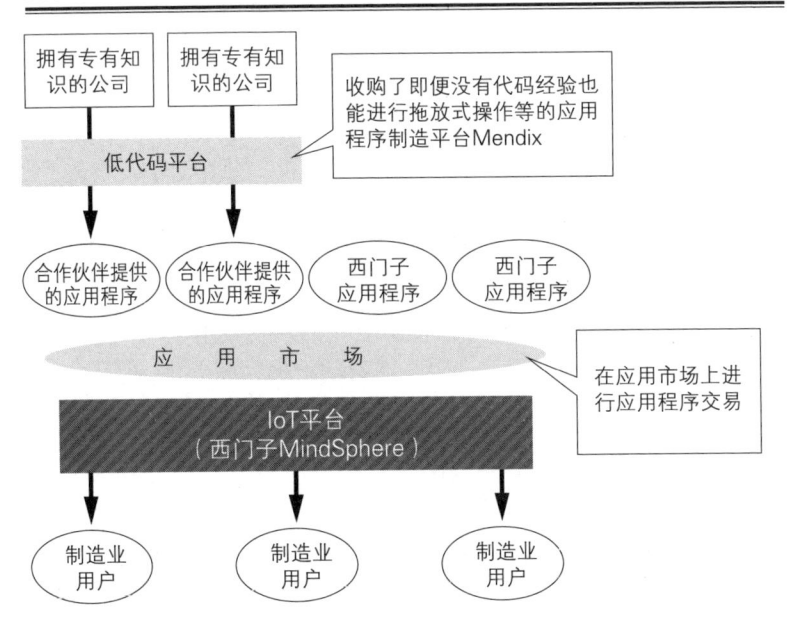

的专有知识数字化后形成的模具管理应用程序"xBrains"推向全世界。

综上可见，如今的制造企业已经可以以应用程序的形式购入制造技术，也可以通过平台对外出售自己的技术。可以说，一个全球性的制造技术贸易时代已经到来。

4　数字革命已经到来

什么是数字孪生

如上所述，数字孪生·CPS 是德国提出的工业 4.0 中的关键技术。数字孪生，顾名思义就是"数字双胞胎"，是指通过在数字空间和物理空间中创建完全等价的信息模型，通过仿真、分析和优化，最终将结果反馈给物理空间的整个过程。事实上"数字孪生"并非特定的 IT 产品，而是指以下技术的集合体：

- CAD·PLM（Product Lifycycle Management：产品生命周期管理系统）
- CAE（Computer Aided Engineering：模拟分析工程）
- 3D 工厂/工厂仿真软件
- AR（增强现实）·VR（虚拟现实）
- IoT·3D 扫描

一开始，日本并没有完全理解工业 4.0 的正确含义，认为第四次工业革命指的就是"AI"、"IoT"和"大数据"。我们应在充分理解这些数字孪生的基础上，将其渗透进经营与操作内。那么接下来，我们就来说说什么是数字孪生吧。

数字孪生的历史可以追溯到1970年，当时它被美国国家航空航天局（NASA）作为一种"配对技术"运用于阿波罗探月项目上。在氧气罐爆炸后，人们利用地球上的数字孪生进行了模拟，并成功帮助阿波罗号顺利返回地球。

如本例所示，数字孪生的价值就在于，在进行实际安装和操作前，通过模拟迅速找出行之有效的解决方案。除了在制造业，数字孪生在城市规划、智能城市研究、建筑（建筑、土木）、自动驾驶模拟、物流、供应链、农业和植物监测等多个领域都有着不俗的表现。

图表12显示了一个用于生产线的案例。到目前为止，日本

图表11 ● 生产线中数字孪生与设备之间的合作

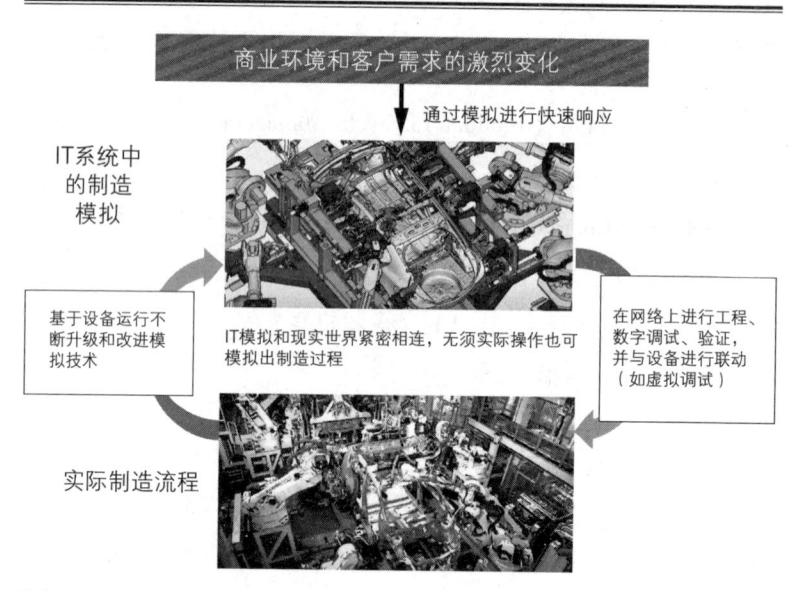

引自：https://www.youtube.com/watch?v=Sh2tSTbE1uE

第 2 章　工业 4.0 和数字孪生革命会带来什么

企业的生产线设计都是由生产技术部门的资深工程师操刀，他们基于多年的技术经验，按照产品的平面设计图来进行设计。因此，生产技术工程师一直难以直观地表达出针对生产线的构想。此外，针对生产线进行的事前定量生产力模拟及干涉确认等，也必须完全依靠自身工程师的专有知识。

但若能使用 3D 模型生产线模拟器，就可以在生产线构想的讨论阶段实现完全的可视化，并在各组织和合作公司之间展开充分的讨论。且无须进行任何实际操作，也无须更改任何条件，就可以对工厂设计、调试及改善进行定量模拟。

此外，模拟结果与设备控制器相连后，操作结果就可以反馈到模拟器中，并不断循环下去。尽管生产线与设备联动的精度尚有改进的余地，但重要的是，我们要对这些技术的能力范围进行区分，并善加利用。

今天，生产线模拟器已经在许多制造企业中得到了广泛运用。回想起这项技术在诞生之初时，虽也在慢慢进步，但人们对它的态度还是只有"这种精度是无法满足现场需求的""还是资深技术人员用传统方法来得快"。

面对数字技术，日本企业应舍弃传统的"完美主义"，好好利用现有的先进技术迅速将精度提升到一定水平，再集中精力攻克剩余的不足之处。

连通整条工程链

在制造中，除了此处讨论的生产线设计，包括产品设计、生产线设计、实际生产、维护等在内的整条工程链也可以通过一体化的数字孪生来实现贯通。

工业4.0主要参与者之一的西门子公司，正是利用数字孪生实现产品设计、生产设计、实际生产、实际产品操作的连通，并将数字模拟的结果反馈到工厂生产线和产品等物理空间中，然后再将物理空间中的变化反映进数字模拟中——这就是该公司提出的制造假设验证周期的快速循环及优化策略。

如果成功实现以上策略，那么部门间和工厂间的合作就会变得更加高效，市场投入时间也能得到缩短，生产和资源的分配会在弹性的模拟技术下变得更合理，而且还可以借助3D信息和软件，将过去只能由资深技术人员从图面等资料中读取的暗默技能和专有知识转化为可视化的资料，从而实现业务的标准化。

由此可以看出，产品设计、生产线设计、制造和维护正在通过数字化这一方式贯通成一个整体。图表13中显示了制造业制造流程中的数字连接与数字孪生之间的关系。围绕对从产品计划、生产、销售、维护到废弃的整个产品生命周期内的产品数据进行管理的PLM，逐步实现了产品设计（CAD）、产品、工艺模拟/分析（CAE）、3D工厂模拟器等的连通。

尽管只有极少数的公司实现了全流程的整合，但据说上文所述的得到WEF认可的全球灯塔企业均十分重视数字孪生的运用。

图表14左侧所示内容为传统的运作方式：拥有卓越技术和

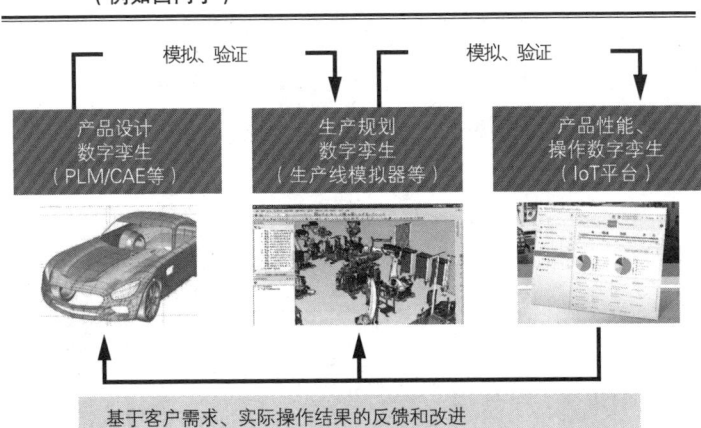

第2章 工业4.0和数字孪生革命会带来什么

图表12 设计、生产线规划和制造在整合型数字孪生中的联动
（例如西门子）

```
         模拟、验证              模拟、验证
    ┌─────────────┐        ┌─────────────┐        ┌─────────────┐
    │   产品设计   │        │   生产规划   │        │  产品性能、  │
    │   数字孪生   │        │   数字孪生   │        │  操作数字孪生│
    │ (PLM/CAE等) │        │(生产线模拟器等)│        │  (IoT平台)  │
    └─────────────┘        └─────────────┘        └─────────────┘
```

基于客户需求、实际操作结果的反馈和改进

引自：
（左）https://new.siemens.com/jp/ja/markets/automotive-manufacturing/digitaltwin-product.html
（中）https://new.siemens.com/global/en/markets/automotivemanufacturing/digital-twin-production.html
（右）https://new.siemens.com/jp/ja/products/automation/industry-software/automation-software/simatic-mindapps.html

丰富专有知识的资深技术人员根据图面等信息进行构想和设计，形成实际的物理形态后再进行反复改进。在这种做法中，IoT等数字技术对于物理性的PDCA循环而言，只能称得上是一种辅助工具。如今，这种传统做法已经逐渐转变为图表14右侧所示的结构。

事先以数字方式进行构想—验证、模拟—改进这一PDCA循环，在达到一定的成熟度后，再进行实际操作和调整。如此一来，就可以将现场的物理性工作视为数字模拟的辅助，从而大大降低其工作强度。

039

图表13 ● 制造业中数据合作及数字孪生的作用

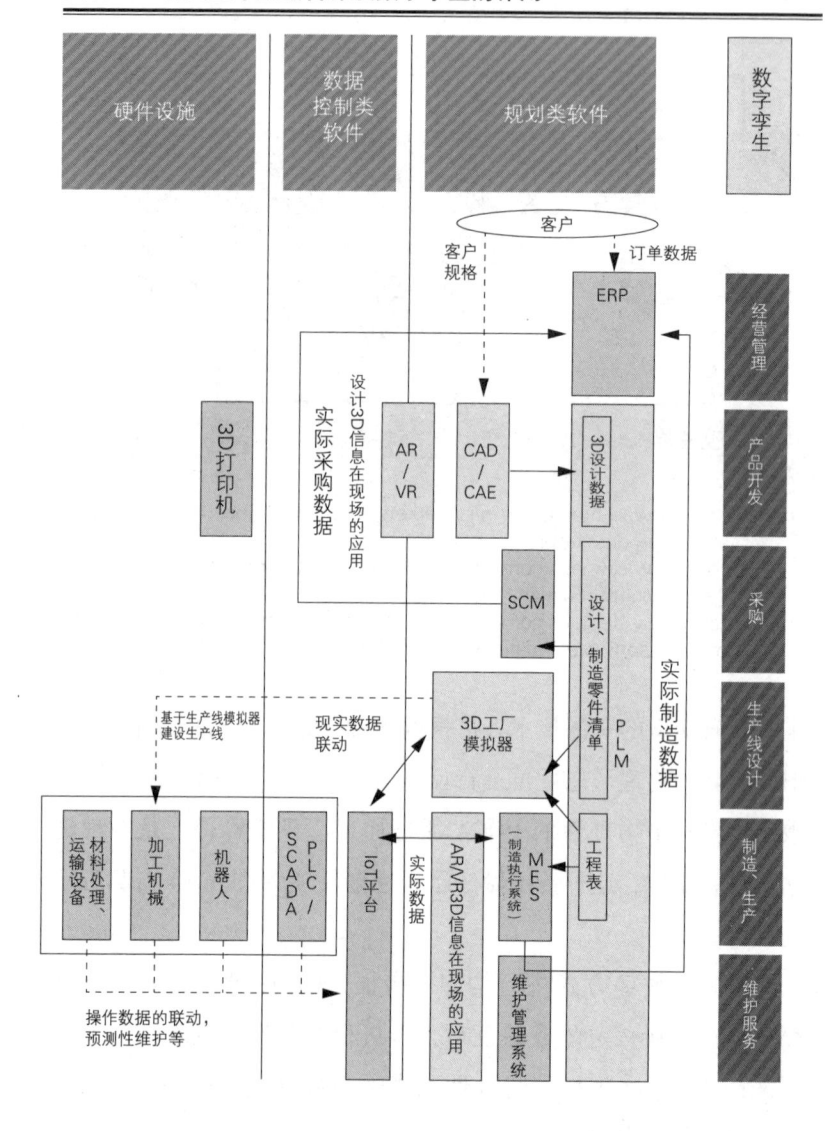

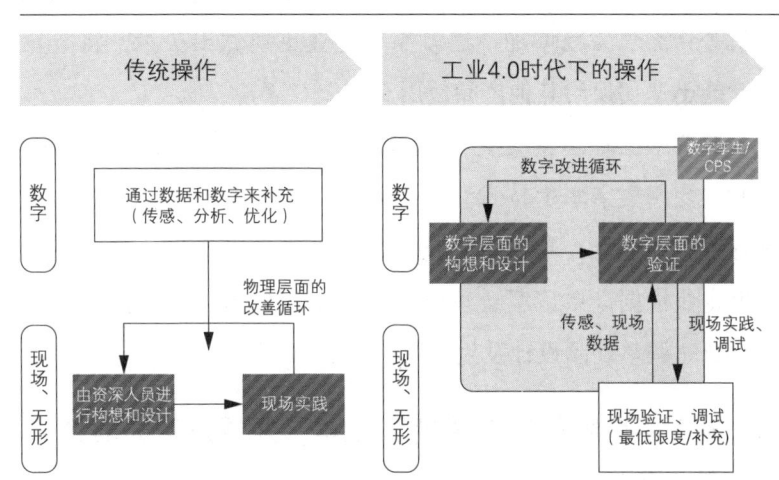

第 2 章　工业 4.0 和数字孪生革命会带来什么

图表14 ● 工业4.0时代下的操作

[传统操作]
- 数字：通过数据和数字来补充（传感、分析、优化）
- 物理层面的改善循环
- 现场、无形：由资深人员进行构想和设计 → 现场实践

[工业4.0时代下的操作]
- 数字：数字改进循环；数字层面的构想和设计 → 数字层面的验证（数字孪生/CPS）
- 传感、现场数据；现场实践、调试
- 现场、无形：现场验证、调试（最低限度/补充）

在新冠疫情肆虐的时期更是如此，企业须尽量减少现场人员的物理接触。所以在确定上述流程后，数字孪生的每一项技术都将发挥重要的作用。这种变化将会带来如下影响及作用。

操作更灵活，能够应对激烈的环境变化

商业环境的激烈变化、新冠疫情等不可预测的灾难、客户需求的多样化……由于现场物理性操作的局限性，注定难以迅速采取应对措施。这种时候，就需要借助数字方式的高效模拟和灵活反应了。数字孪生技术可以迅速做出基于模拟的反应，并花费最少的时间和资源开展现场实践。

在如今这个被称为 VUCA（volatility：易变性；uncertainty 不确定性；complexity 复杂性；ambiguity 模糊性）的多变环境中，应对变化的能力，也就是"动态能力"是极为重要的。例

如，新冠疫情导致传统产品的需求大跌，却让口罩、面罩、呼吸机等新需求大幅增加。这就需要企业迅速做出决策，将空置的产能迅速切换给其他产品使用。

想要根据环境的变化迅速改变方向，并尽快验证可行性，就必须使用数字孪生技术。不仅是为了应对新冠疫情带来的全球环境激烈变化，数字孪生技术带来的操作灵活性优势，还能帮助企业依据订单情况合理分配全球工厂资源，以及依据政策变化及时调整产品设计及生产线。

最大限度降低研究周期和成本，并通过预先验证降低风险、提高质量

以数字方式进行验证，就能大大缩短物理性产品和生产线的试作时间，将物理性研究所需的时间降到最低，从而加速市场投放速度。此外，在进行物理性操作之前，若以数字方式进行预先验证，就能让所有人都明确地看到结果，各部门也能及时提出自己的建议和意见，最终达到降低风险、提高质量的效果。

例如，借助3D技术，就可以摆脱目前只能依靠资深技术人员的"直觉和经验"推测内部结构等信息的状况，让预先验证成为可能，如此一来，自然就能得到比传统工艺更好的品质了。

实现组织间、企业间的合作

让每个人都能清晰地看到整个过程，就能改变由前端工程

决定后端工程的现况,让前后端工程能够同时提出意见,从而让组织间的合作变得更加顺畅。

例如,从产品概念的讨论阶段开始,就可以吸纳产品设计、生产技术(生产线研究)、制造、品质保证、服务等部门的意见。

企业间的合作也是如此。自讨论阶段开始,就可以吸纳外包商、供应链企业的宝贵建议。

操作的标准化及熟练技能的传递

迄今为止的操作和专有知识都是依靠传统的"传帮带"方式传递下去的,因此知识和技能的转移需要花费很长的时间。随着技术人员的衰老、退休,企业亟须编写一份可以让包括外国雇员在内的所有技术人员都能迅速上手的标准化操作方法。培训时间长、专有知识和技能掌握在少数人手里是目前大多数企业面临的问题。而随着数字孪生技术的不断发展,这些专有知识和技能在未来都将以直观、清晰的形式来体现。所有人都能轻松、快速地理解、学习和实践,这必然会大大加速操作的标准化和熟练技能的传递。

将操作的专有知识转化为解决方案

如上所述,曾经的暗默知识和操作,如今已经可以通过数字化方式呈现在所有人的面前了。那么,自然也就可以利用自身优势开发解决方案、创造新的商业模式。例如,可以将生产线的设计转换为3D,从而将自己公司生产线设计的专有知识出售给其他制造企业。

除了制造业,其他行业的日本公司亦是如此。只要具备优势,就可以通过数字孪生技术将这一优势转化为解决方案方面的竞争力。这也是本书关于"制造业平台"发展的主题之一。

5 什么是新平台 DAPSA

随着数字孪生技术在各个行业中的快速普及，如今全球许多公司已经意识到它的重要性，并将其视为引领技术改革的重要工具。正如我们将 B to C 领域中的平台称为"GAFA"（谷歌、亚马逊、脸书和苹果），诞生于工业数字孪生时代的全球平台，我们称之为"DAPSA"，取达索系统（以下称"达索"）、ANSYS、PTC、西门子和欧特克的首字母组合而成，也是本书中想要重点说明的内容。

DAPSA 是可以满足多行业需求的数字孪生平台，以产品设计为中心，以 PLM 领域为主轴，不断扩大包括 CAE（产品、工艺模拟、解析等）、工厂模拟器、IoT、AR/VR 等在内的数字档案袋。现已被全球范围内的诸多行业导入使用。

现有的数字孪生技术正逐步在全球范围内成为标准工具，所以一定要予以重视，这就需要制造业建立起全新的商业模式——"制造平台"。下面介绍数字孪生平台 DAPSA 在制造业中的一些使用案例。

D：达索（法国）——欧舒丹案例

达索是 1981 年成立的法国数字孪生企业，拥有数字档案

图表15 ● 数字孪生平台服务商DAPSA

B-to-C平台的GAFA	工业数字孪生平台的DAPSA		总部所在国	成立时间
G A F A	D	达索系统	法国	1981年
	A	ANSYS	美国	1970年
	P	PTC	美国	1985年
	S	西门子	德国	1947年
	A	欧特克	美国	1982年

袋，以3D体验（3D EXPERIENCE）为经营理念，可以利用数字技术连通设计、生产线设计、制造、销售和服务等所有领域。这是一家从达索航空中分离出来的公司，也是一家领先于世界的制造平台公司，它们基于多年来的制造经验，将积累下来的技术和专有知识作为商品销售给其他公司。

针对达索的虚拟孪生（该公司的数字孪生）的诸多案例，我想以欧舒丹为代表进行说明。总部位于法国的化妆品公司欧舒丹，除了对工厂内的工程、生产线进行监控，还利用虚拟孪生技术，对一线员工的动作、步骤进行验证，从而不断提升生产力、降低一线员工的负担，甚至还能及时评估员工罹患肌肉骨骼疾病的风险。生产技术部门的生产线设计向来是日本企业的强项，将这些工厂的生产线进行3D化后，不仅能提升生产线

第 2 章　工业 4.0 和数字孪生革命会带来什么

设计的效率、缩短上市时间，还能基于现有的生产线数据，将生产线迅速转移至其他工厂。除此之外，还能基于优秀的生产技术能力，支援其他公司的生产线设计工作。

A：ANSYS（美国）——GE 海上风力发电涡轮机案例

ANSYS 成立于 1970 年，是一家在 PLM 和 CAE 方面实力雄厚的美国数字孪生企业。除了数字孪生业务外，该公司还为 SAP、微软和 GE 等导入了数字孪生技术的企业提供基础技术支援服务。

例如，GE 为 Predix 使用了 ANSYS 的数字孪生技术。由于海上风力发电涡轮机全都安装在海上，因此检查工作向来是一个难点，且需要花费大量的资金。但使用了数字孪生技术后，就可以远程实时获取信息并进行分析，操作人员也可以基于这一结果规划电机的更换计划。

此外，安装在不同地点的风力发电涡轮机，其内部零件的磨损程度也各不相同。为每个零件建立 3D 模型，并预测和分析其寿命及劣化情况，就可以将那些无法目视检查，只能依靠自身技术人员的直觉和经验来判断的部分全部"可视化"，提高维护工作的及时性。

从该公司的案例可以看出，除了用数字操作取代传统操作，还可以获得无法依靠现有的物理操作实现的新的附加价值。

图表16

S：西门子（德国）

玛莎拉蒂：产品设计—生产线设计—实际生产—维护的3D管理

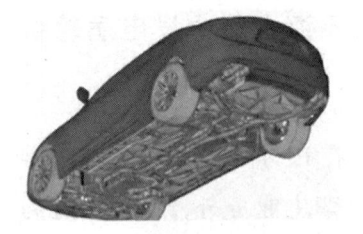

引自：https://new.siemens.com/jp/ja/products/automation/topic-areas/user-showcase/maserati.html

A：欧特克（美国）

东芝电梯：与建筑商的建筑物3D设计相联动的产品3D设计

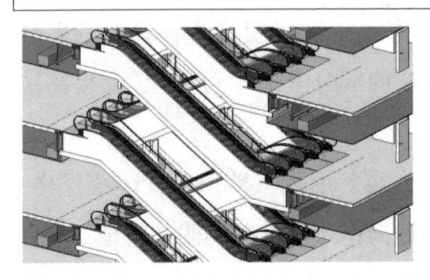

引自：https://www.autodesk.co.jp/press-releases/2018-10-17

第2章 工业4.0和数字孪生革命会带来什么

D：达索（法国）

欧舒丹：生产线和人员操作的3D化

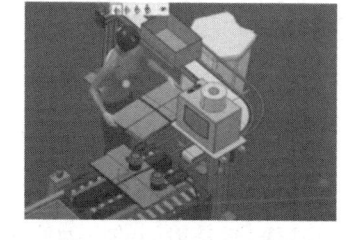

引自：达索系统资料

A：ANSYS（美国）

GE：海上风力发电涡轮机操作的3D化

引自：https://www.youtube.com/watch?v=3Y1lnF4_pKY

P：PTC（美国）

惠而浦：利用3D产品设计进行AR、IoT物联网管理

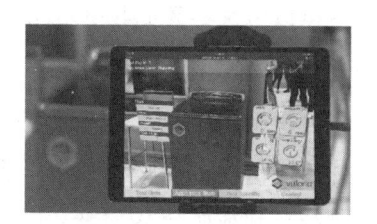

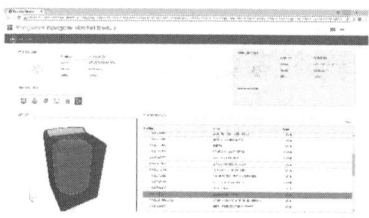

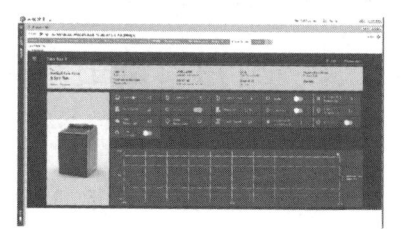

引自：PTC资料

P：PTC（美国）——惠而浦案例

PTC 成立于 1985 年，是一家总部位于美国的软件公司，致力于为客户提供基于数字孪生技术的解决方案。该公司结合了将现场的数据反馈到数字终端的 IoT，以及将数字数据应用于生产现场的 AR 技术，服务领域涵盖 PLM、CAD 产品、设计和操作数据。

惠而浦是美国的大型家电制造商之一。该公司基于 PLM 进行产品设计的 3D 化，并将基于 IoT 获得的操作数据加入 3D 信息中，提升了维护的便利性。同时，在维护过程中会显示使用了 AR 技术的 3D 指示。通过利用数字孪生技术加工产品数据，就可以将这些数据共享给品质检查、维护等后续工程。

数字孪生是以 3D 的方式呈现的，因此所有人都能清晰地看到分析结果，即便是不具备产品设计、图面等专业技能或专有知识的员工也能轻松理解。尤其是，因为大部分维护工作都是外包给其他伙伴公司进行的，所以想要提升操作效果，就要将维护的过程 3D 化、可视化。

S：西门子（德国）——玛莎拉蒂案例

西门子成立于 1847 年，是总部位于德国的联合大企业。西门子曾是一家主要生产重型电气机械的生产企业，但投入 1 万多亿日元实施收购后，便将业务重心转到了以数字孪生为中心的数字软件领域。这是使用数字工具发展制造业务的制造平台

第2章 工业4.0和数字孪生革命会带来什么

代表案例。

意大利的汽车制造商玛莎拉蒂以数字孪生技术模拟出从产品设计、生产线设计到操作状况的全过程,并将该结果反映至对生产设备的控制。也就是让数字模拟与物理空间中的设备进行串联。

迄今为止,即便是资深技术人员也不曾在物理空间中注意到的浪费和低效率行为,利用数字技术可以轻易地发现并在进行验证和改善后,将车辆从设计到上市的时间由 30 个月缩短至 16 个月,生产效率提高到了原来的两倍。

A:欧特克(美国)——东芝电梯案例

欧特克成立于 1982 年,是一家总部位于美国的软件公司。该公司拥有雄厚的软件设计实力,除了制造业所需的数字孪生技术外,建筑业的设计工具及数字孪生 BIM(Building Information-tion Modeling)也是其档案袋中的一个重要组成部分。该公司不仅可以设计出与工厂设施相联动的生产线,还可以将建筑材料制造商手中的产品 3D 数据与它们的客户,也就是建筑商及建筑物的 3D 数据(BIM)串联起来。

东芝电梯希望借助欧特克的数字孪生技术实现业务及操作的改革。将建筑商的建筑设计与本公司电梯产品的 3D 图面串联起来后,就能提升与客户间进行设计讨论的工作效率了。在过去,双方只基于图面进行沟通,若有修改的需求,就要先将图面带回去修改,然后再次讨论,如此反复。除了电梯制造商需要花费很长的设计时间外，建筑商也必须花时间将电梯部分的设计变更反映在整个建筑项目模型中。

有了数字孪生技术后，就可以将建筑商 3D 数据与电梯制造商的产品数据进行联动，从而迅速响应客户的要求。这不仅可以提升公司内部的设计效率、缩短交货时间，也能大大提升客户的满意度。

第 3 章

数字化带来的制造业结构变化

第3章　数字化带来的制造业结构变化

在本章中，我们将对技术变化的第四点，即通过生产线制造商开放生产技术，以及由此带来的新兴企业的快速增长及制造业的横向分工等内容展开说明。

1 生产技术的开放及生产线制造商的崛起

如何购买"80%的制造"

就传统做法而言,生产线的信息主要是由生产工程部门的自身技术人员基于图面及图面无法表达的隐性知识进行整理后形成的。所以即使要在其他国家建造一条完全相同的生产线,也必须找一个有经验的员工来解读图面,更何况还有一些隐藏信息是无法在图面上体现的,这些因素都会对建造效率造成很大的影响。若能使用 3D 数字孪生来显示,就能保证"所有人都看得懂",也有利于信息的处理。

例如,可以通过 3D 生产线数据等信息,将母厂的生产线快速复制到其他国家的工厂内。西门子和特斯拉等公司也正在将母厂的操作不断复制到新兴国家的工厂内,这在很大程度上得益于 3D 技术的支持。

过去,人们是不愿意转移专有知识的,所以一般都是采用在母厂组装后拆开,然后运到其他国家的工厂后再重新组装起来的做法。随着生产线设计的专有知识、信息和数据共享效率的不断提升,如今已经可以轻松实现"复制"生产线以及基于现有生产线的快速优化了。

当然,并非所有信息都可以使用 3D 来表示,但只要能通过 3D 工厂模拟工具对部分制造信息(这里称为"80% 的信息")进行处理,那么这 80% 的信息的有效性就可以依靠数字数据得到保证。那么,需要资深技术人员协助和参与的部分就可以减少到原先的 20%。

如今,公司之间也能互相交流制造线的数据和专有知识了。例如,新兴国家的企业就可以通过从欧美企业"购买"先进生产线,来实现与之相同的操作。正如上文所说,在这个时代背景下,"80% 的制造"都可以从外部购买,即便公司内没有技术积累也无关紧要。

生产线制造商们可以为此提供支持。生产线制造商指的是,可以为从生产线构想、工程设计、设备选择、安装、调试、操作员培训到维护的一系列流程提供整体服务的外部厂商。除此之外的非整包部分的工程承包者,被称为生产设备 SIer(SIer:系统集成商)。例如总部位于熊本县的平田机工,就是比较具有代表性的日本企业,曾为 GM、戴森等跨国企业提供生产线建设服务。

合理利用全球普及的生产线制造商

随着工业 4.0 等制造领域的日益数字化和复杂化,生产线制造商已经越来越受到全球企业的认可,欧美、中国乃至其他新兴国家的企业用户越来越习惯于借助生产线制造商的力量。也因此催生出许多能够满足欧美国家的多行业需求,且可以提供多种类生产线建设服务的综合型生产线制造商。

大型生产线制造商中的代表企业包括：已被日立制作所收购的美国JR自动化公司、美国ATS自动化公司、德国杜尔公司、菲亚特集团下属意大利Comau公司等。令人惊讶之处在于这些公司的业务范围之广。例如，德国杜尔公司是一家拥有全球领先涂装工艺技术的生产线制造商，其业务范围几乎涵盖了欧美系的所有整车制造商，例如戴姆勒、BMW（宝马）、VW（大众）、奥迪、FCA、GM、福特、沃尔沃以及特斯拉，等等。

相较于因使用生产线制造商而导致核心技术外流的风险而言，欧美的整车制造商们更担心的是"不使用生产线制造商带来的风险"。它们知道，如果坚持使用自己的生产技术和资源来闭门造车，那么等待自己的可能就是被淘汰的命运了。而借助生产线制造商的顶尖技术，就能将有限的资源集中投入其他竞争领域，让自己能够在激烈的市场竞争中脱颖而出，这无疑是更具战略意义的选择。

当然，并非所有工程都需要生产线制造商的参与，应将必须由内部负责的竞争性部分，和可以外包给生产线制造商的非竞争性部分进行明确区分。核心工程就必须由内部员工负责，并努力提升自己的能力。

此外，日本的制造企业一直对内部生产非常执着。一般而言，日本的制造企业的内部生产技术部门会在设计构想等阶段划定一个范围，然后要求生产设备SIer在这个范围内工作。因此，除了上文提到的平田机工这种大型生产线制造商外，大部分日本的生产设备 SIer 都是限定于特定领域中的中小型制造商。

其实，欧美的生产线制造商之所以能发展得如此迅速，与它们内心的竞争意识也不无关系——它们想与日本企业一较高下。纵观历史，欧美的制造商也一直十分重视生产技术的发展，并将许多领域牢牢抓在自己的手中。之所以愿意做出改变，主

图表17●欧美、日本企业各自生产技术与生产线制造商间的关系

欧美型	■ 将内部生产技术相对薄弱的生产线构想、设计等外包给生产线制造商 ■ 出现了优秀的生产线制造商/生产设备SI 制造业　制造业　制造业 ↘　↓　↙ 大型生产线制造商　外包商
日本型	■ 内部生产技术部门强大，构想和设计由内部负责 ■ 近年来，结构调整等因素削弱了内部能力 ■ 生产线制造商和生产设备SI多为中小型公司，大型公司的数量极少 制造业（内部生产技术）　制造业（内部生产技术）　制造业（内部生产技术） 部分外包　部分外包　部分外包 SI　SI　SI　SI　SI　SI　SI

要还是受到了日本企业迅猛发展的刺激。

丰田汽车等日本企业凭借着精益的生产方式、严密的现场管理、资深技术人员的专有知识和自律型工作态度，取得了压倒性的生产力和成本优势，这让欧美企业苦不堪言。但是那个时候，面对无论是现场能力还是生产技术都领先全球的日本企业时，它们没有选择正面对抗，而是从差异化的角度找到了其他竞争道路，并脚踏实地地走了下去。一个是数字工程，另一个十分重要的思考方向，便是在核心领域之外充分借助外部生产线制造商的专业实力。

将原来配置给内部生产技术用的资源，转移到用于强化客户关系的数字化、服务化等领域，以及用于开发汽车行业新技术的CASE等领域中去，即：将发展重心转移至核心技术的开发。通过明确区分竞争领域及非竞争领域来充分享受专业生产线制造商的支持。

新兴国家企业在生产线制造商的助力下飞速追赶

如上所述，这些生产线制造商是中国等新兴国家企业实现飞速追赶的一个主要因素。生产线制造商会制定出一些标准菜单，以供企业在建造生产线时使用，同时，它们的专有知识也会为其他企业提供服务。

例如，前面提到的德国杜尔公司就开发出了一个标准菜单，涵盖了涂装线、装配线、运输线、检测线等各个工程，企业可以直接导入由该公司开发的全球统一标准生产线。同样，新兴

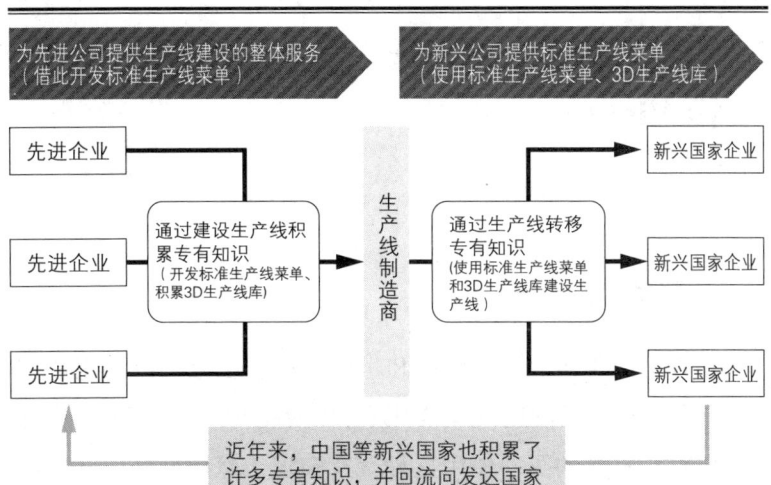

第3章 数字化带来的制造业结构变化

图表18 ● 新兴国家企业在生产线制造商的助力下实现专有知识转移的步骤

为先进公司提供生产线建设的整体服务	为新兴公司提供标准生产线菜单
（借此开发标准生产线菜单）	（使用标准生产线菜单、3D生产线库）

```
先进企业 ─┐                              ┌─→ 新兴国家企业
          │   通过建设生产线积    生    通过生产线转移
先进企业 ─┼─→ 累专有知识        产 ─→ 专有知识          ─→ 新兴国家企业
          │   （开发标准生产线菜单、 线    （使用标准生产线菜单
先进企业 ─┘   积累3D生产线库）    制    和3D生产线库建设生  ─→ 新兴国家企业
                                 造    产线）
                                 商
         ↑                                           │
         └──── 近年来，中国等新兴国家也积累了 ←──────┘
               许多专有知识，并回流向发达国家
```

国家企业也通过导入生产线制造商与先进企业共同开发的标准菜单，来享受生产线制造商的专有知识成果。

不过这一步骤也在不断发生变化。过去，技术和专有知识主要是从欧美发达国家的企业流向中国等新兴国家企业，而现在已经出现了回流的势头。在投资预算并不充裕、在生产线技术和操作方面并无累积的情况下，新兴国家正在不断开发出先进的生产线技术，且正在不断地将这些技术及专有知识反向输出至发达国家。

2　通过采购专有知识进入汽车制造行业——越南 VinFast

从房地产到汽车

正如上文所述，设计数据和生产线配置已经可以利用数字孪生进行表达，而制造专有知识则可以借助 IoT 平台等方式进行数据传输。只要购买、使用这种专有知识，即便是毫无制造经验积累的公司，也可以顺利实现 80% 的制造。

但也正如"80%"的这个表述所示，想要 100% 复刻先进企业的操作和技术能力当然是不可能的。但新兴国家的工业 4.0

图表19 ● VinFast提出的迅速型智能制造启动方式

产品设计	生产线设计、建立	制造	品质管理
①从BMW购买车身许可，使用产品的3D数据	②委托BMW的生产线制造商建立一条同样的生产线	③通过使用数字孪生和IoT平台进行高效的专有知识转移和积累	④从GM挖来首席工程师，担任副总裁等要职

引自：https://new.siemens.com/global/en/markets/automotive-manufacturing/references/vinfast.html

第3章 数字化带来的制造业结构变化

已经建立起"快速型"的智能制造体制,现有的技术和专有知识都会在这个过程中被充分利用,并从产品上市初期开始就对专有知识进行迅速的积累和优化。无数例子表明,IT企业和新兴国家的企业正在通过对现有技术和专有知识的充分利用,逐步成长为具有强势竞争力及市场影响力的企业。

越南的VinFast公司便是一个典型的例子。该公司利用数字技术购买了技术和专有知识,从而实现了初期的快速腾飞。VinFast成立于2017年,是越南第一大集团Vingroup旗下的国产汽车制造商。

Vingroup集团的业务涉及了房地产等诸多领域,但在汽车制造领域,乃至制造业领域都是没有任何经验的,在汽车行业就是一个"门外汉"。但该公司借助数字技术,利用其他专业公司的知识积累,成功进入了向来被视为"新人困难领域"的汽车制造业,在短短的21个月的时间内完成了工厂建设和量产,并迅速成功投放市场。这个时间仅为标准建设时间的一半。

买什么

那么,VinFast究竟是如何通过"购买"技术和专有知识来成功进入市场的呢?公司成立后,该公司立即购买了BMW旧车型的车身许可,由此获得了产品设计数据以及生产、销售许可。随后,它们接受了曾负责BMW生产线导入的生产线制造商的建议,在公司内建立了一条与BMW完全一致的生产线。

此外,制造操作也可以通过数字孪生和IoT平台实现技术和专有知识的高效获取和积累。在缺乏制造专有知识积累的情况下，该公司通过"购买"技术和专有知识顺利进入了汽车制造领域并实现了量产。

操作员工的培训工作也由生产线制造商负责。因此，即使公司内部没有技术人员，也能将操作员工培训到足以让生产线运转起来的程度。VinFast通过"购买"技术和专有知识实现快速生产上市的成功经验表明，即使是对先进技术和专有知识累积有着极高要求的汽车行业，如今也能实现快速启动了。

VinFast的快速型生产启动方式，是以对市场结构的理解和长期战略为基础的。该公司目标十分明确，就是"即便只做到80分的品质，或许也足以达到越南这一新兴国家市场的要求了"。所以该公司充分借助外部技术和公司的经验，大力提升了市场投放的速度。接下来，它将在上市后结合市场需求逐步提升品质，不断向100分靠拢。从长远来看，未来还有可能实现向发达国家的反向输出和市场扩张。

通过"识别"和"掌握"具有未来性的传统技术，迅速打入市场以占据有利地位。在此基础上提升企业的品质，建立起核心竞争力，将这些"专有知识"作为自己的武器，在出现新的具有未来性的技术时重复这一循环，继续迅速打入市场。这种意识对于企业而言是非常重要的。

随着数字化技术的不断发展，这些"迅速型"智能制造企业的数量或许还将大幅增多，企业间的竞争自然也会不断加剧。

第3章 数字化带来的制造业结构变化

3 制造业的民主化与制造平台

从制造的民主化（创客）到制造业的民主化

至此为止的内容，都是在说明数字技术推动了"制造业"民主化，让所有人都有机会进入一个全新的行业。2012年，克里斯·安德森的著作 *Makers*（译者注：中文译作《创客》）引起了很大的轰动。3D 打印机和 3D CAD 的出现，意味着所有人都可以制造产品的"制造业的民主化"时代已经来临。

在创客运动中，任何一个有想法或创意的人，都可能创造出产品。被称为"一个人的家电创业"的创意家电销售企业 UPQ 等公司便是如此。此外，创客运动也得到了其他领域企业的支持，例如深圳等地的 ODM 企业就会基于它们的计划和创意来提供量产设计和制造服务。还有诸如 DMM.make、FabLab 等的"创客空间"，也可以利用自己的设备，为创客提供基于它们想法和创意的试作。这些做法已经在全球范围内得到了普及。

然而，这些创客运动具有一定程度的局限性，即：仅限于 3D 打印机和机床能够对应的领域。在数字化和工业 4.0 的推动下，该运动已经逐渐蔓延到了极度专业的汽车领域。可见，"制造的民主化"正在慢慢发展为"制造业的民主化"。

伴随数字化进展而出现的"制造业的民主化",未来会发生哪些结构性变化,制造企业又应该如何应对呢?图表20显示了制造业状况的变化,其中的两个关键点值得我们注意:

(1)数字化将推动制造业的横向分工,并吸引新的加入者(制造业的民主化)。

(2)催生出一种新的商业模式:具有技术和专有知识优势的公司向其他公司销售或提供服务(制造平台)。

(1) 制造业的职能分工越来越精细

如前文所述,制造业的横向分工正在逐步细化。过去的制造企业需要拥有自己的开发/设计、采购、制造、销售和服务部门。但现在已经出现了精于特定领域的专业公司,例如专攻制造领域并提供制造外包服务的EMS、专攻生产线设计和导入的生产线制造商,等等,可见职能已经出现集中和细化的趋势了。数字技术的进步让诸如IoT平台提供商、匹配/共享型企业等新型服务商不断加入,进一步促进了职能的精细化。

其中,像VinFast这类没有任何产品设计和生产线设计经验,完全借助数字技术和外部技术支援进入新市场领域的企业正在逐步增加,不断推动着"制造业的民主化",并降低了专业市场的踏入门槛。日本的制造企业在制定战略时应充分考虑到"制造业"的进入门槛正在不断降低、正在逐步商品化的趋势。

(2) 支援制造业的商业模式正在扩大

除此之外,全球的许多企业都在通过"购买"数字技术和外部技术支援来进行工厂的启动和优化,那么拥有技术能力和专有知识的公司,就可以通过提供相应的服务来赚取利润。例如前文提到的 VinFast 案例便是如此,为它们提供了设计许可和 3D 数据的 BMW 公司,以及为它们建造生产线的生产线制造商,都是基于自己的专有知识和技术优势,基于"制造平台"为制造企业提供支援并获取利润。

为制造企业提供支援的商业模式包括:①外包商;②硬件(机器人、机床等)及软件服务商;③数字平台服务商;④协调者(提出符合企业需求的最佳制造解决方案);⑤匹配/共享型企业。

其中,④协调者十分重要,就像生产线制造商一样,协调者需要结合商业环境、客户困扰及需求,提出包括硬件、软件、平台乃至外包商在内的最佳整体解决方案并使之商品化。随着制造业的精密化、复杂化,服务商必须能够为制造企业提供自己"掌握"的专有知识。日本制造企业一直都站在用户的立场"掌握"了许多现场设备和软件的用法,并形成了属于自己的技术和专有知识,所以很有希望成为合格的协调者。

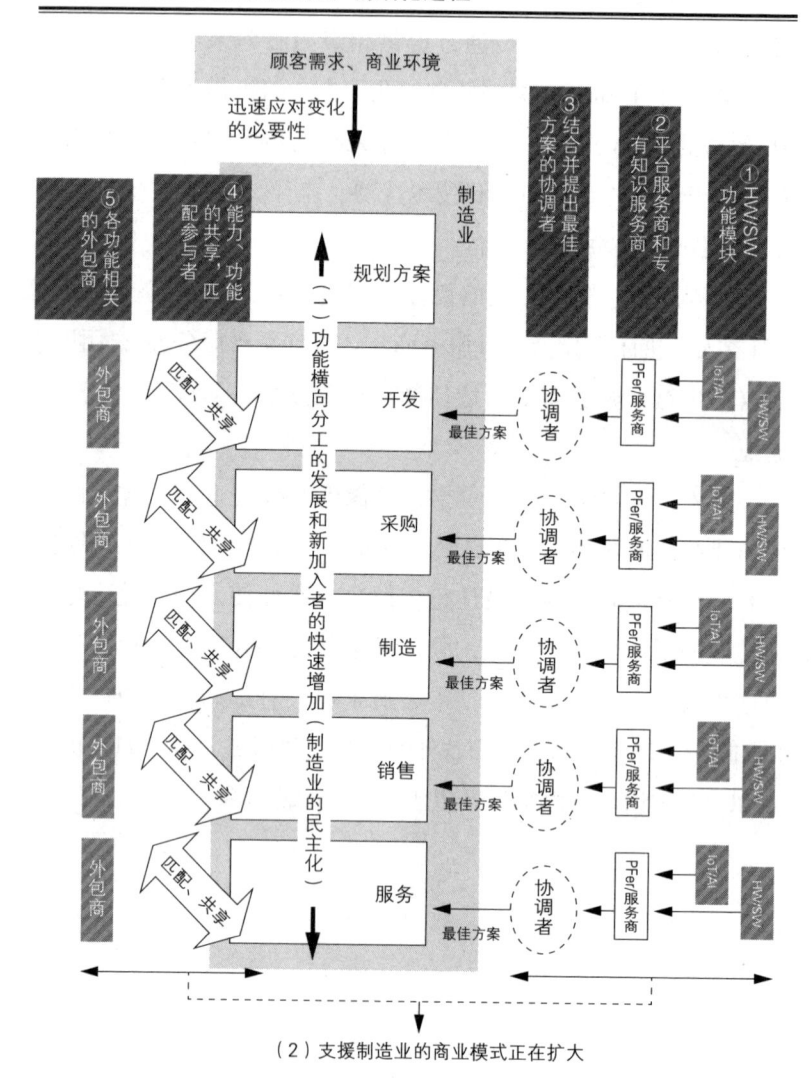

图表20 ● 制造业状况的变化、精细化进程

顾客需求、商业环境

迅速应对变化的必要性

制造业

① HW/SW 功能模块
② 平台服务商和专有知识服务商
③ 结合并提出最佳方案的协调者
④ 能力、功能的共享，匹配参与者
⑤ 各功能相关的外包商

规划方案

（1）功能横向分工的发展和新加入者的快速增加（制造业的民主化）

制造业环节	匹配/共享	最佳方案	协调者	PFer/服务商	IoT/AI	HW/SW
开发	匹配、共享	最佳方案	协调者	PFer/服务商	IoT/AI	HW/SW
采购	匹配、共享	最佳方案	协调者	PFer/服务商	IoT/AI	HW/SW
制造	匹配、共享	最佳方案	协调者	PFer/服务商	IoT/AI	HW/SW
销售	匹配、共享	最佳方案	协调者	PFer/服务商	IoT/AI	HW/SW
服务	匹配、共享	最佳方案	协调者	PFer/服务商	IoT/AI	HW/SW

外包商（各环节对应）

（2）支援制造业的商业模式正在扩大

4　日本制造业必须考虑转型"制造平台战略"

什么是制造平台？

到目前为止，我们已经对日本企业可以凭借自身优势，利用数字技术进行技术及现场专有知识销售的"制造平台"中蕴藏的机会和潜力做了分析。可以说，这是日本制造企业身处这个难以发挥产品竞争力，却能更好地推广自身技术优势及现场专有知识的数字时代下应该考虑的一种新战略。

然而，这并不意味着所有日本企业都要从制造、销售产品的商业模式转变为制造平台服务商。这个过程中最重要的一点在于，要在为其他制造公司提供服务的制造平台业务，与自身现有的制造业务之间形成交集。任何企业的制造业务都是经营和管理核心基础，这一点毫无疑问。如果能让制造平台业务与自身核心业务相互促进，那么就可以在获得新收入的同时不断加强自身的竞争力。

例如，上文中提到的日本国内唯一一家入选全球灯塔企业的日立制作所 Omika 工厂，就是得益于站在制造平台销售商的"外部视角"上，强化了自身产品制造业务的竞争力。日立制作所将 Omika 工厂多年累积下来的技术和专有知识通过本公司的

IoT平台Lumada等进行销售，为其他制造企业提供了解决方案服务。

想要对外销售本公司的操作、技术和专有知识，首先要保证自身已经摆脱了对人的依赖，实现了彻底的标准化，即无须依靠内部资深技术人员来理解和操作，可以保证外部客户也能轻松使用。如此一来，不仅可以在"制造平台"这个销售业务中获取利润，公司内部的制造业务也能从依赖个别员工的方式转变为标准化的生产体制，从而实现技能的有效传递和转移，同时能确保品质等方面的稳定性不断提升。

此外，将这些技术和专有知识出售给其他公司、其他行业，获得它们在使用过程中反馈的问题并进行改善，可以形成一种良性循环。借助"制造平台"实现内部制造能力的优化与自身竞争力的强化，这无疑会同时让"制造平台"这一产品的竞争力得到提升。所以，日本的制造企业一定要创造出这样一个循环。

五个方向

那么，日本企业应如何推进"制造平台"业务呢？基于"提供什么技术和专有知识"的大方向，可以再细分为以下五个方向。

（1）【产品设计和核心零件技术】充分发挥在设计和开发方面的优势，为不同行业提供产品设计和核心零件方面的支持。

（2）【生产技术】充分发挥在生产技术方面的优势，为客户提供生产线设计及建设方面的支持。

（3）【体系、供应链】开发 IoT 平台以整合体系内的数据，并出售给体系外的公司，或充分利用在供应商品质评价方面的专有知识，提供生产共享和匹配方面的支持。

（4）【工程、现场专有知识】将各工程中包含的专有知识进行数字化和仪器化，并对外销售。

（5）【制造能力】充分发挥制造能力方面的优势，从产品设计层面为其他企业提供制造方面的支持。

图表21是对以上内容的说明。除了"产品、服务"的传统业务外，生产过程中积累的技术和专有知识都能被转化为服务，在通过"制造平台"为其他制造企业提供支持的同时，也能不断提升自身的竞争力。

本书中，将以业界先进企业为例来分别说明每种模式的制造平台企业。自下一章节开始，我将基于"出售什么技术和专有知识"这个大分类，对日本企业的先进事例进行分析，希望能给大家带来一些启发。

（1）出售产品设计、核心零件技术

丰田汽车：发挥氢能汽车核心零件技术方面的优势，为同行业与不同行业的制造业提供支持。

索尼：开展解决方案销售业务，将其核心产品技术出售给其他公司或不同行业。基于本公司设计专有知识提供设计咨询服务。

图表21 ● 制造平台战略结构

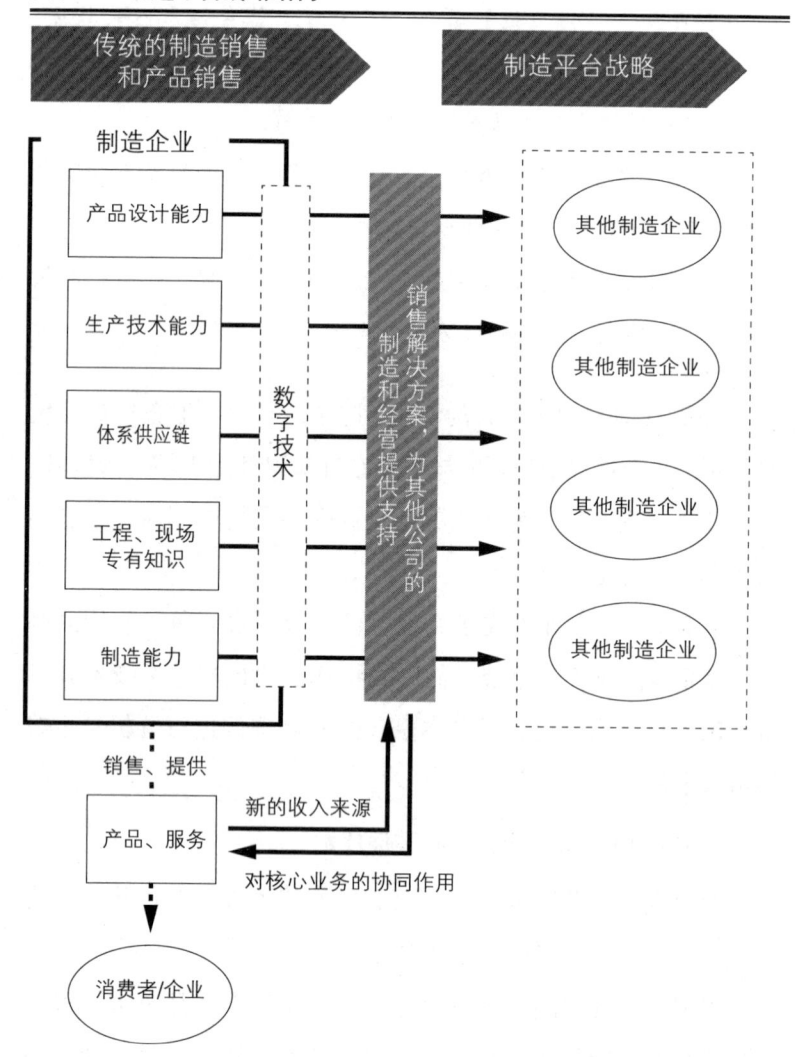

| 传统的制造销售和产品销售 | 制造平台战略 |

制造企业
- 产品设计能力
- 生产技术能力
- 体系供应链
- 工程、现场专有知识
- 制造能力

数字技术

销售解决方案，为其他公司的制造和经营提供支持

- 其他制造企业
- 其他制造企业
- 其他制造企业
- 其他制造企业

销售、提供 → 产品、服务 → 消费者/企业

新的收入来源
对核心业务的协同作用

第3章　数字化带来的制造业结构变化

（2）出售生产技术

电装：基于生产技术方面经验，为 ASEAN 提供制造、生产线培训和咨询方面的服务。

日立制作所：收购了大型生产线制造商 JR 自动化公司，利用自身制造技术、专有知识及 IoT 基础开展生产线建设业务。

图表22 ●本书中介绍的制造平台企业

销售什么	业务模式	概要	#	企业案例		
（1）产品设计、核心零件技术	概念模式制造者	充分调动自身的设计和开发能力，向同行业及其他行业销售产品概念和核心零件	1	丰田	索尼	松下
（2）生产技术	制造培训、咨询	借助自身的生产技术和专有知识，提供制造相关的培训和咨询服务	2	电装		
	生产线制造商	借助自身的生产技术能力，为客户提供生产线设计和建设方面的支持	3	日立制作所		
（3）体系供应链	数字体系	通过IoT将本公司与供应商连接起来，并将其延伸至供应链之外	4	柯尼卡美能达		
	生产共享平台	借助供应商管理方面的专有知识，为生产共享和匹配提供支援	5	日本特殊陶业		
（4）工程、现场专有知识	工程平台	将各工程的专有知识进行数字化、仪器化，并对外销售	6	武藏精密工业		
			7	HILLTOP		
（5）制造能力	咨询型EMS	充分利用制造能力、设计能力优势，从产品设计开始为其他公司提供制造方面的支援	8	VAIO		
	孵化型制造平台	利用自身的生产设备和能力孵化新公司	9	滨野制作所		

(3) 出售体系、供应链网络及管理专有知识

柯尼卡美能达：在马来西亚，通过数字连接供应商，开展数字体系业务。

日本特殊陶业：开发生产共享平台——"共享工厂"。

(4) 出售工程、现场专有知识

武藏精密工业：与以色列 AI 企业共同设立合资企业，出售运输、检查工程问题的解决设备和解决方案。

HILLTOP：建立了一个 24 小时运作的生产流程，为其他公司提供试运行及开发方面的支援。出售内部使用生产管理系统"HILLTOP 生产系统"。

(5) 出售制造能力

VAIO：基于 PC 制造技术为机器人、无人机等企业提供制造方面的支持。

滨野制作所：基于自身在制造设施及能力方面的优势，为初创企业提供孵化方面的支持。

第 4 章

模式①
出售产品设计、核心零件技术

第4章　模式①　出售产品设计、核心零件技术

在本章中,我会对制造平台中"出售产品设计、核心零件技术"这一方向进行说明。日本企业尽管并不擅长颠覆性创新,却可以在同一品类产品中不停地进行技术创新,这也算得上是一种优势了。过去研发了随身听、VHS、全球首款量产型EV(三菱汽车的i-MiEV),最近则研发了锂离子电池、混合动力汽车和氢能汽车,等等。虽然竞争环境的变化导致日本产品的优势有所减弱,但通过不懈的技术改进创造更佳产品的这一优势,就足以支撑日本企业在数字时代中顽强地生存下去。

充分利用这些技术和专有知识方面的优势,通过制造、销售内部设计产品并提供售后服务来赚取利润,是日本企业的现有战略。但在此基础上,还应该通过向其他制造企业出售产品设计技术和专有知识来有效增加利润和价值。

上文中提到的越南VinFast案例中的BMW就是一个很好的例子。它们将即将被公司内部淘汰的旧款产品许可出售给新兴国家的企业,从而获得了二次收益。在电动汽车(EV)领域中也是如此,越来越多的公司开始将核心零件及车辆的基础部分(即"平台")外包给同行或不同行业的其他公司制作。

GM已经将其EV平台销售给本田,德国的VW也宣布它们的EV平台不仅可以供集团内使用,还将对外销售,且已经和美国的福特以及一些新创公司展开了合作。特斯拉也制定了类似

图表23 ● 基于产品设计能力、核心零件技术开发的制造平台

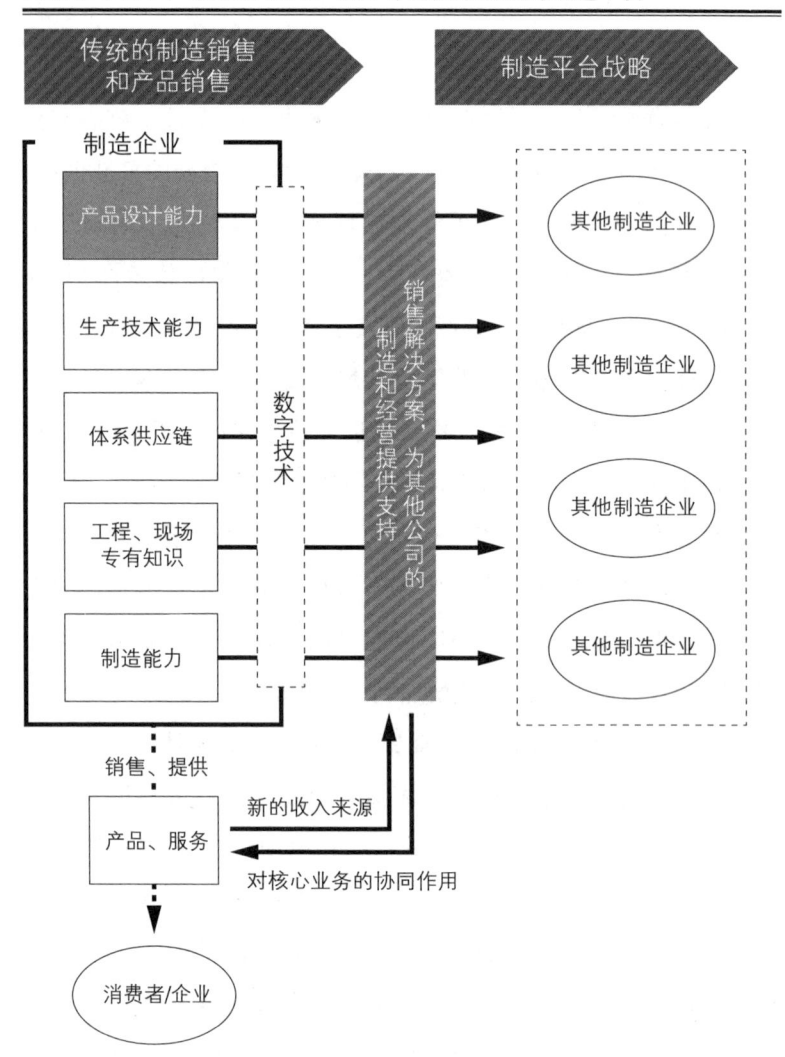

传统的制造销售和产品销售 → 制造平台战略

制造企业
- 产品设计能力
- 生产技术能力
- 体系供应链
- 工程、现场专有知识
- 制造能力

数字技术

销售解决方案，为其他公司的制造和经营提供支持

- 其他制造企业
- 其他制造企业
- 其他制造企业
- 其他制造企业

销售、提供 → 产品、服务 → 消费者/企业

新的收入来源
对核心业务的协同作用

第 4 章　模式① 　出售产品设计、核心零件技术

的策略，准备将其 EV 平台和自动驾驶技术销售给外部公司。

产品设计和核心零件技术是公司竞争力的源泉，但如果仅将这些技术用于自身业务，那么收益回报肯定是十分有限的。此外，日本的企业在开展新业务或研发新产品的时候也开发了许多专有技术。从大公司的业务评估及资源分配的角度来看，若将这些技术的使用范围限定于内部的商业化和生产，那可真是"杀鸡用牛刀"。将这些技术出售给其他公司，就能有效地实现变现、增收，同时也能基于外部用户的反馈进行改进，从而持续提升竞争力。

本章中，将以丰田汽车及索尼的举措为例，介绍设计能力及核心零件技术能力的出售方式。

1 丰田汽车——氢能汽车，核心零件模块销售

摆脱传统汽车制造商的身份

"实现汽车生产商的全面转型"，随着丰田章男社长一声令下，丰田汽车准确嗅到了数字化的发展趋势，逐步从一个生产产品的制造商转变为一个提供价值的制造商。以 MaaS 为代表的移动即服务，以及以 Woven City 为代表的 CASE·智慧城市，都是非常典型的为应对汽车使用方式变化而出现的平台。除此之外，丰田也在努力开发基于自身专有知识和技术的"制造平台"。

丰田的生产技术曾被整理为"丰田生产方式"，丰田基于这一标准为供应商及其他公司提供咨询服务和生产指导。近年来，丰田更是积极地对外销售材料开发所需的模拟技术等自身的先进技术及专有知识。

本章的主题为基于产品设计能力的制造平台战略，所以我想重点谈谈电动汽车（EV）和燃料电池汽车（FCV）的概念，以及基于核心零件的销售策略。尤其是在 FCV 方面，丰田向全世界宣传了这一概念，并基于自身优秀的设计和构想能力，为同行及其他制造行业提供支援服务。

第4章 模式① 出售产品设计、核心零件技术

图表24● 丰田的对外销售模式

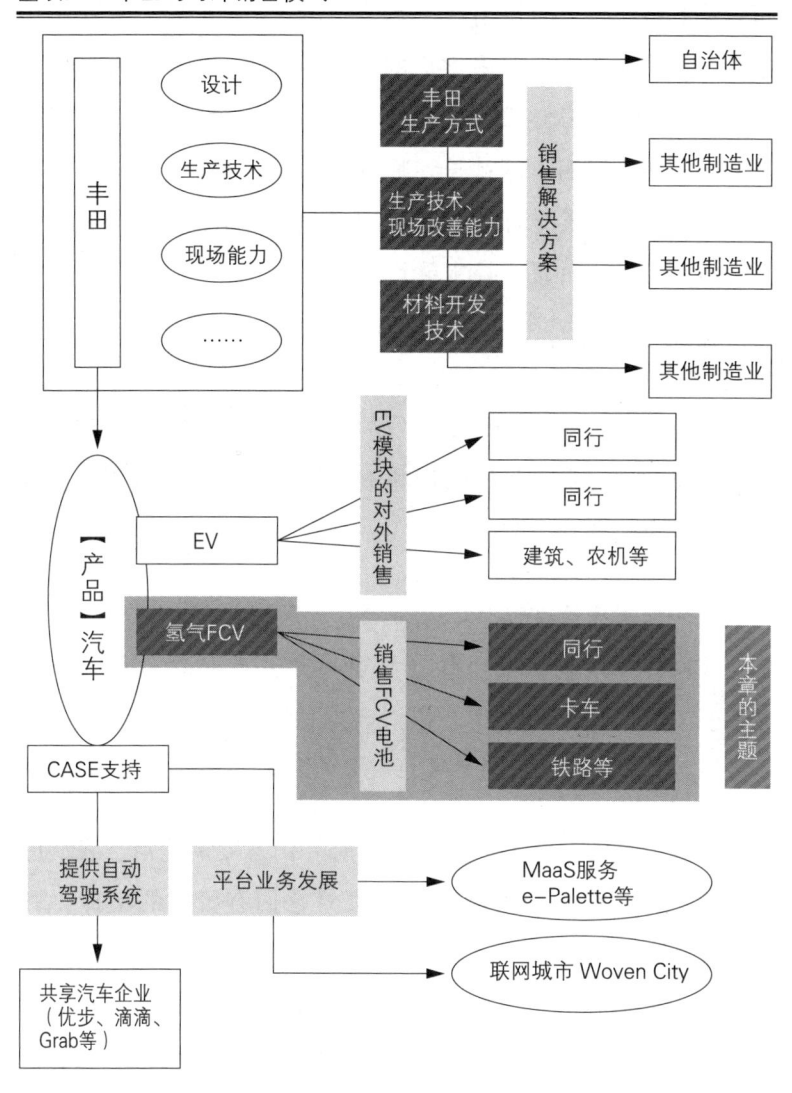

```
丰田
├─ 设计
├─ 生产技术
├─ 现场能力
└─ ……
    │
    ├─ 丰田生产方式 ──┐
    ├─ 生产技术、现场改善能力 ──┤ 销售解决方案 ──┬─→ 自治体
    ├─ 材料开发技术 ──┘                      ├─→ 其他制造业
    │                                        ├─→ 其他制造业
    │                                        └─→ 其他制造业
    │
    【产品】汽车
    ├─ EV ──┬─ EV模块的对外销售 ──┬─→ 同行
    │       │                    ├─→ 同行
    │       │                    └─→ 建筑、农机等
    │
    ├─ 氢气FCV ──┬─ 销售FCV电池 ──┬─→ 同行       ┐
    │                             ├─→ 卡车       │ 本章的主题
    │                             └─→ 铁路等     ┘
    │
    └─ CASE支持
        ├─ 提供自动驾驶系统
        │   └─→ 共享汽车企业（优步、滴滴、Grab等）
        └─ 平台业务发展
            ├─→ MaaS服务 e-Palette等
            └─→ 联网城市 Woven City
```

081

2014年，丰田推出了全球首款量产氢能汽车 Mirai，并宣布可以将其核心技术模块出售给其他公司或不同行业。这是丰田继免费提供 FCV 相关专利之后的又一新举措。除了汽车制造商客户，丰田还在努力开发铁路、船舶等领域的客户。在 EV 技术方面，2019 年 4 月，副社长寺师茂树表示，丰田将"转变为电气化技术的系统供应商"，可以为其他汽车制造商提供电机、可充电电池及 PCU（动力控制单元）等产品。

思考"卖什么"

诸如上文所述，丰田已经开始对外销售氢能汽车核心技术。在将核心零件技术出售给同行和不同行业制造商的过程中，存在以下几个论点。

①哪些模块可以对外销售。

②是否会因出售给同行（竞争对手）而导致自己失去竞争力。

③如何匹配不同性质的其他行业的需求。

首先是关于"①哪些模块可以对外销售"的论点，我们应时刻牢记，要在"为其他公司提供对它们有价值的零件"和"黑箱处理本公司的核心竞争力"之间取得平衡。

接下来是关于"②是否会因出售给同行（竞争对手）而导致自己失去竞争力"的论点，在向竞争对手销售核心模块时，需要考虑具体的市场阶段来进行判断：(a) 亟待形成市场、引进

第4章 模式① 出售产品设计、核心零件技术

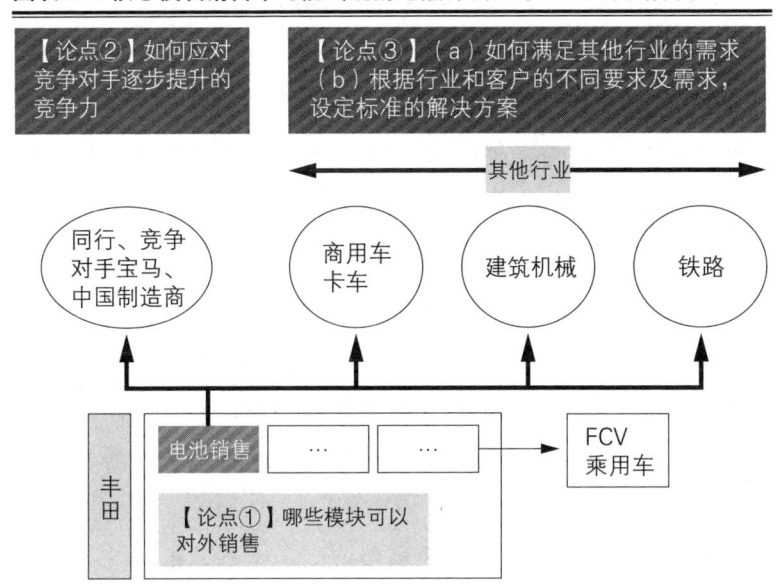

图表25 ● 核心模块销售中可能出现的论点（例：丰田FCV的销售）

【论点②】如何应对竞争对手逐步提升的竞争力

【论点③】（a）如何满足其他行业的需求（b）根据行业和客户的不同要求及需求，设定标准的解决方案

其他行业：同行、竞争对手宝马、中国制造商 / 商用车卡车 / 建筑机械 / 铁路

丰田 → 电池销售 → … → … → FCV乘用车

【论点①】哪些模块可以对外销售

合作伙伴的阶段；(b) 市场已经形成，竞争环境已经出现的阶段。接下来我会进行具体说明。

(a)（支援同行）亟待形成市场的情况

这种情况可以参考丰田在 FCV 和 EV 方面的做法。若用户和供应商的数量无法增加，那么充电基础设施就不会被进一步开发；若充电基础设施的数量无法增加，那么用户和供应商的数量自然也会停滞不前。因此，丰田只有为包括竞争对手在内的其他企业提供核心组件，才能吸引其他企业和合作伙伴进入这个市场。

(b)（支援同行）已经形成市场的情况

即便市场已经形成，也可以通过销售核心零件创造新收入、降低生产成本，所以这是一项十分重要的战略。当然，要保证对外销售核心零件的行为不会对公司的核心业务造成影响。例如丰田将 FCV 出售给同行企业 BMW 时，做到了区域覆盖不完全重叠。此外，丰田在选择客户的时候，也会偏向那些量产体量根本不足以威胁到自己的中型企业、新兴企业。

最后是"③如何匹配不同性质的其他行业的需求"。在开发和规划时，应考虑到其他行业的问题和用途，同时要保证开发出的产品也能为自己公司所用。这是如今的日本企业需要考虑并解决的问题。

首先，如果希望将自己的销售范围扩大到其他行业，那么就要按照这些行业要求的规格和功能来进行开发、提供服务。不过，根据客户的技术和品质要求来进行技术开发，这一直都是日本制造业的一个优势所在。于是，就出现了第二个问题：如何在考虑行业、客户要求和需求差异的前提下设定出"标准解决方案"？若采用完全满足不同行业和公司要求的开发模式，就需要投入巨大的成本，自然也就无利润可图了。

因此，应确定出共通的部分，避免因过剩开发而导致运用时必须进行删减。尽可能覆盖所有共通部分，在客制化的时候做"加法"的方式，向来是日本企业最擅长的领域。在发挥这一优势的基础上，还要结合"减法和因数分解"来考虑，也就是确定一个"标准解决方案"，并使用具有成本竞争力的标准材料来生产。

第4章 模式① 出售产品设计、核心零件技术

2 索尼/松下——充分发挥设计和构想能力

除上述的丰田汽车外,索尼也正基于其设计和构想能力积极开发制造平台。众所周知,索尼已经将其在相机业务中积累的核心模块——传感器技术出售给包括其他相机制造商、智能手机、汽车及机器人在内的多个领域,市场占有率连续多年名列全球前茅。

在智能手表领域,索尼出售了对用户的数字体验而言最重要的表扣部分,并与西铁城等手表行业的龙头企业开展合作。此外,索尼还基于自身的设计能力成立了设计咨询公司,现在在积极发展 EMS(受托制造)业务。

如今的索尼,已经开始采用"两步走"的"制造平台"模式,即:销售领先于全球质量的优质商品;利用自己在技术和专有知识方面的优势,成为行业的平台服务商。

为了出售超出自身使用需求的开发技术和知识产权,松下公司携手日本风投公司 Scrum Ventures 建立了 BeeEdge 公司。不仅如此,松下还将开发家用电器时发明的纳米(超细微粒离子)制备技术出售给铁路、汽车制造商、医院、房地产等行业。此外,半导体制造商瑞萨电子不仅将设计信息用于内部产品制造,还出售给了同行及其他行业的企业以提升收入。

图表26 ● 索尼的制造平台业务

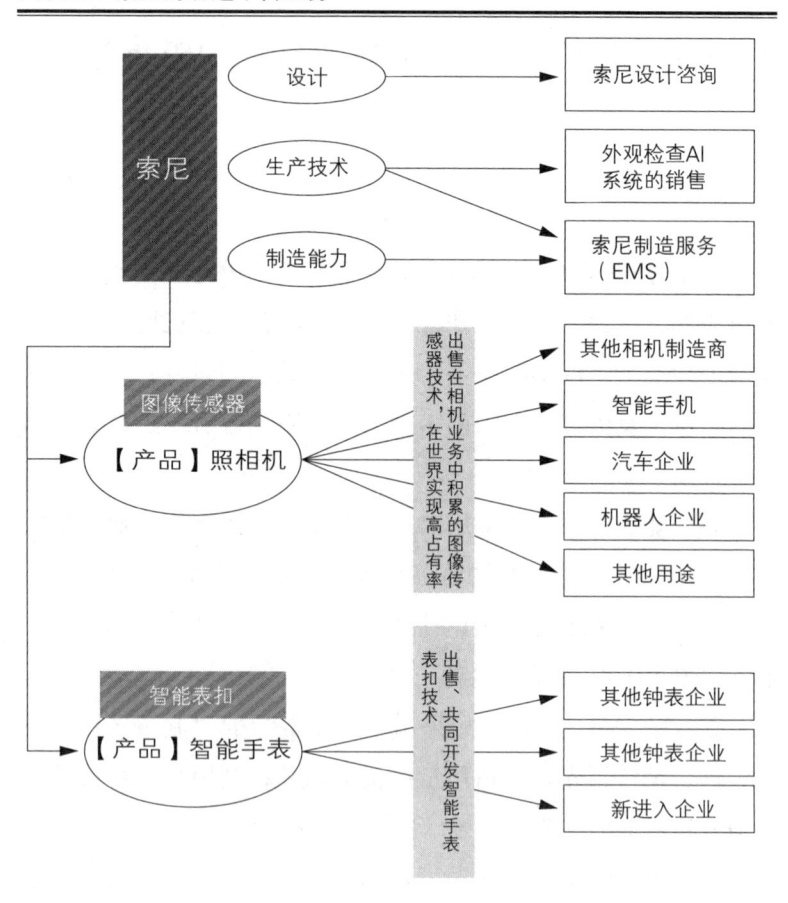

```
                    ┌──────────┐      ┌──────────────┐
              ┌─────│   设计   │─────▶│ 索尼设计咨询  │
              │     └──────────┘      └──────────────┘
   ┌────┐     │     ┌──────────┐      ┌──────────────┐
   │    │─────┼─────│ 生产技术 │─────▶│ 外观检查AI   │
   │索尼│     │     └──────────┘      │ 系统的销售   │
   │    │     │     ┌──────────┐      └──────────────┘
   └────┘     └─────│ 制造能力 │──┐   ┌──────────────┐
     │                 └──────────┘  └─▶│ 索尼制造服务 │
     │                                  │   (EMS)     │
     │                                  └──────────────┘
     │
     │      ┌图像传感器┐            ┌──────────────┐
     │      ╱           ╲        ┌─▶│ 其他相机制造商│
     │     │             │        │  └──────────────┘
     │     │【产品】    │ 出售在  │  ┌──────────────┐
     └────▶│  照相机     │ 相机业  ├─▶│   智能手机   │
           │             │ 务中积  │  └──────────────┘
            ╲           ╱ 累的图  │  ┌──────────────┐
             ╲_____╱  像传感  ├─▶│   汽车企业   │
                         器技术,  │  └──────────────┘
                         在世界   │  ┌──────────────┐
                         实现高   ├─▶│  机器人企业  │
                         占有率   │  └──────────────┘
                                  │  ┌──────────────┐
                                  └─▶│   其他用途   │
                                     └──────────────┘

            ┌ 智能表扣 ┐            ┌──────────────┐
           ╱           ╲         ┌─▶│ 其他钟表企业 │
          │             │         │  └──────────────┘
          │【产品】    │ 出售表  │  ┌──────────────┐
    ────▶│  智能手表   │ 扣技术、├─▶│ 其他钟表企业 │
          │             │ 共同开  │  └──────────────┘
           ╲           ╱  发智能  │  ┌──────────────┐
            ╲_____╱   手表    └─▶│  新进入企业  │
                                     └──────────────┘
```

第 4 章　模式①　出售产品设计、核心零件技术

3　用于产品的生产线从量付费平台

防止技术流出、对手赶超

上述的丰田汽车和索尼案例主要是针对将核心零件对外销售的情况（图表28①）。将来也可能会出现一种新的商业模式，即如图表28②所示的"最终产品"销售模式。对所有制造商而言，新产品向来都是竞争力的最主要来源，但那些在型号更迭中逐渐被淘汰、不再受国内市场欢迎的老款产品，则可以销往新兴国家的企业，获取二次利润。

在前面提到的 VinFast 案例中，BMW 将已经不被目标市场接受，也难以继续赢利的旧款车型授权给了 VinFast，从而实现了二次赢利。

这种情况下要注意一点，如果只是简单地将旧款产品授权出去，是极有可能导致技术流出、对手赶超，进而威胁自身业务的，相当于变相为自己培养了一个竞争对手。无数的先例告诉我们，传统的做法很容易让合资企业或合作伙伴赶超自己，最终成为竞争对手。所以在授权时一定要注意以下两点。

首先，与销售零件一样，应确保对方公司的目标市场与自己不重叠，以及对方公司的量产规模及销售规模不会对自己构

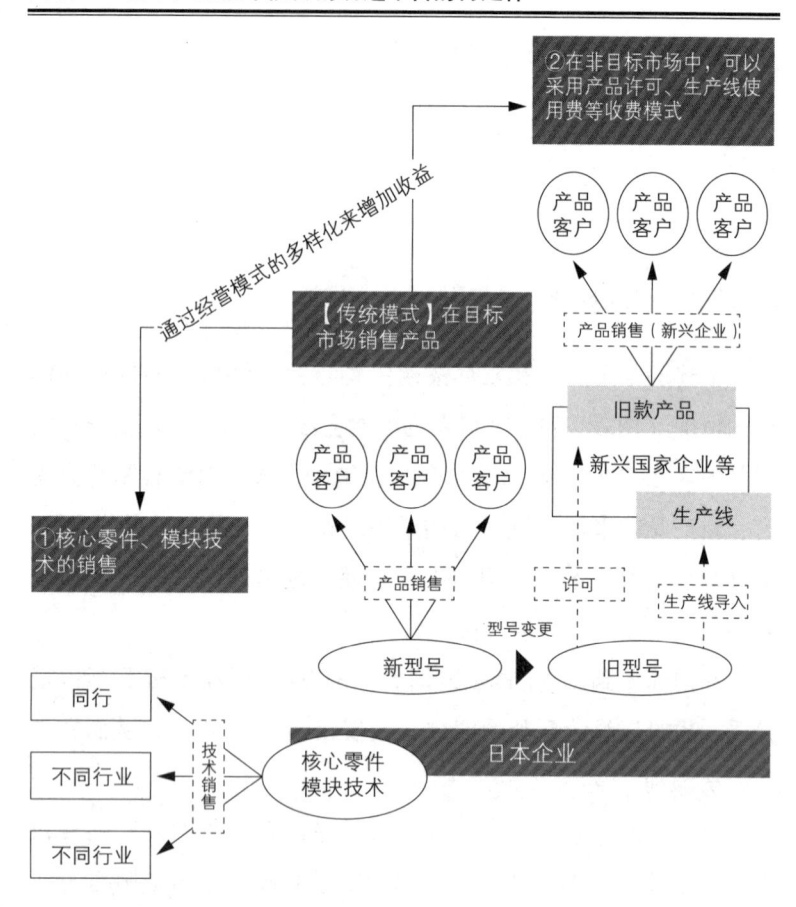

图表27 ● 基于产品技术能力的制造平台的再延伸

成威胁。其次，要采用顺应数字时代趋势的销售方式，以防止技术流出。

例如，在授权旧款产品的生产许可时，应限定对方只能使用指定的生产线。指定的生产线是指基于自己生产线的技术和专有知识，经过黑箱处理后导入的设备及系统。出售给对方的

第4章　模式①　出售产品设计、核心零件技术

内容仅限于生产线的使用和操作方法，至于如何选择最佳的制造方法和工艺等生产线的建设思路，以及制造理念、技术能力和专有知识等，则应进行严格保密。如此一来，就能在保证销售收入的同时，防止专有知识的流出了。

也可以设置一个产品设计模板，对方公司只需调整某些参数就可以轻松使用。至于模板的设计思路等则可以进行黑箱处理。使用软件对技术和专有知识进行处理，使其能够更快地服务于新兴国家，更快地实现货币化和黑箱化，正是上文提到的德国在工业4.0中提出的目标，日本企业也应努力顺应这一时代浪潮。

收费的两种模式

关于收费模式，可以参考以下两种方式：

①一站式生产线建设，收取建设费用（建设完成时收费）。

②循环模式，即按照生产量收取生产线使用费（建设完成时收费和生产过程中的循环收费相结合的方式）。

其中，①为基于自身优秀生产技术能力提供生产线建设服务的方式，下一章中也会进行详细说明。若想在生产线制造商领域深耕下去，就要让自己做到能够满足各种行业客户的工程、需求和要求，且应不断提升自身在这一方面的专有知识。初期可以通过向新兴国家企业销售旧型生产线的方式来磨炼自己，因为这些生产线正是过去的构想和改进内容的体现。

在这个过程中，除了要对自己的专业生产线进行标准化改造，使之也能适用于其他公司外，还要对一些暗默技术和专有知识进行系统化、黑箱化处理。这种模式下的费用分为两个部分，一是常规的生产线建设费用，建设结束时收取；另一项是维护及服务费用，可以长期收取。

另一种有效的收费模式是②按照生产量收取成果报酬，亚马逊、乐天和优步等平台采用的就是这种收费方式。它们会向使用自己电子商务平台的企业收取平台使用费，费用高低由销售额决定。若将这一模式套用到制造行业，那就是企业向新兴企业提供旧款产品的生产线，并基于生产产品的销售额收取一定比例的使用费。

德国的机器人制造商库卡制定了类似的战略，除了传统机器人等设备的销售业务外，还建立了生产线，并根据产量和生产线的使用情况进行收费（Smart Factory as a service）。在产品和生产线方面积累了许多技术和专有知识的日本企业，也应找到一个符合数字时代发展趋势的高效收入模式。

结合三种方式

对于日本、北美、欧洲和中国等需要尖端产品的市场，企业应充分发挥设计及技术能力上的优势，开发出最顶尖的产品。在这些市场中的主要收入来源也与过去相同，即来自富有竞争力的商品的销售。此外，也要积极推动平台业务与数字服务的相互结合（详细内容可参考拙著《日式平台业务》）。

第4章 模式① 出售产品设计、核心零件技术

在此基础上，针对自己无法完全覆盖的印度、中东、非洲和南美等新兴市场，则可以通过授权当地企业使用自己的旧款产品设计或生产线等，获取长期可循环的利润。许多企业在欧洲的市场占有率并不高，那么就要考虑从销售公司产品的战略，转变为向当地企业出售"制造平台"的发展战略。此外，即便同样是新兴市场，东南亚的情况也与其他地区有所不同。许多日本企业都在东南亚设立了工厂，所以此处更适宜采用产品销售的战略。

建议日本制造业可以使用①②③同步发展的方式，提升自己在数字以及制造技术方面的竞争力。

①通过向其他公司或其他行业销售核心零件技术来获得新的收入，以量产效果实现降低成本及不断满足其他行业需求的目的，从而加强自身的制造竞争力。

②将逐渐被淘汰、不再受目标市场欢迎的老款产品的设计、生产线的技术和专有知识进行黑箱化处理后，出售给当地的企业，收取产品许可和制造平台的使用费。

③在上述方式中转换资源，开发与数字技术相结合的尖端技术，从而推出有竞争力的产品和服务（汽车：CASE 应对等）。

第 5 章

模式②
出售生产技术能力

第5章 模式② 出售生产技术能力

1 四种方式

日本企业竞争力的源泉

接着,是出售生产技术能力(生产线和工程设计能力)的模式。一直以来,生产技术能力都是日本制造业的重要基础和支撑。如上所说,欧美的企业经常采取外包给生产线制造商的方式。而对于日本企业来说,生产技术部门在长期总结、积累中不断改善的生产线构想、设计技术及专有知识等,则是自身竞争力的主要来源。

此外,欧美企业的设计部门会对制造工艺及流程进行一定程度上的限定,同时借助外部企业的力量来建设生产线、投入生产。与之相反,在日本企业中,生产技术部门会从产品设计、开发阶段就与其他部门进行配合,以"沟通型"的方式不断提升制造方面的竞争力。

如何提升哪怕 0.1 秒的生产力、如何进一步提升产品品质——它们会竭尽全力思考生产线的改进方法。

日本企业在反复摸索中不断地寻求生产技术的提升和改善。例如在后文将会提到的电装就曾在"1/N 生产线"活动中,利用独特的生产技术,与制造商共同开发出了大型加工机,从而成功地将生产设备缩小了一半有余,最终实现生产力、能源效率、空间效率的大幅提升。

如前文所言,随着新兴国家制造业的逐渐兴起,以及数字技术和外部企业服务的不断加强,通过"购买"的方式进入制造业领域的企业不断地涌现出来,而这也恰恰为日本企业提供了广阔的技术施展空间。日本企业可以借着这一东风,重新思考制造业的理想形态,并在生产线制造领域大显身手。我认为,可以基于以下四种方式销售生产技术。

(1) 制造培训/咨询

日本企业基于多年制造经验积累的生产技术和现场改善能力,为其他公司提供生产制造方面的培训和咨询服务。

培训费及咨询费将成为主要的收入来源。新兴国家和新兴企业一向十分信任日本制造行业经过多年沉淀后形成的优秀技术和专有知识。

在培训和咨询中了解企业的问题和需求,并同步反映到制造相关产品的中长期开发规划中。

(2) 标准生产线模块的对外销售

将在日常生产制造的改善活动中形成的生产线模块(如运输、库存管理、检验、加工工程等)作为产品对外销售。生产线模块销售、整合费用以及导入后的维护费用将成为主要的收入来源。

第5章 模式② 出售生产技术能力

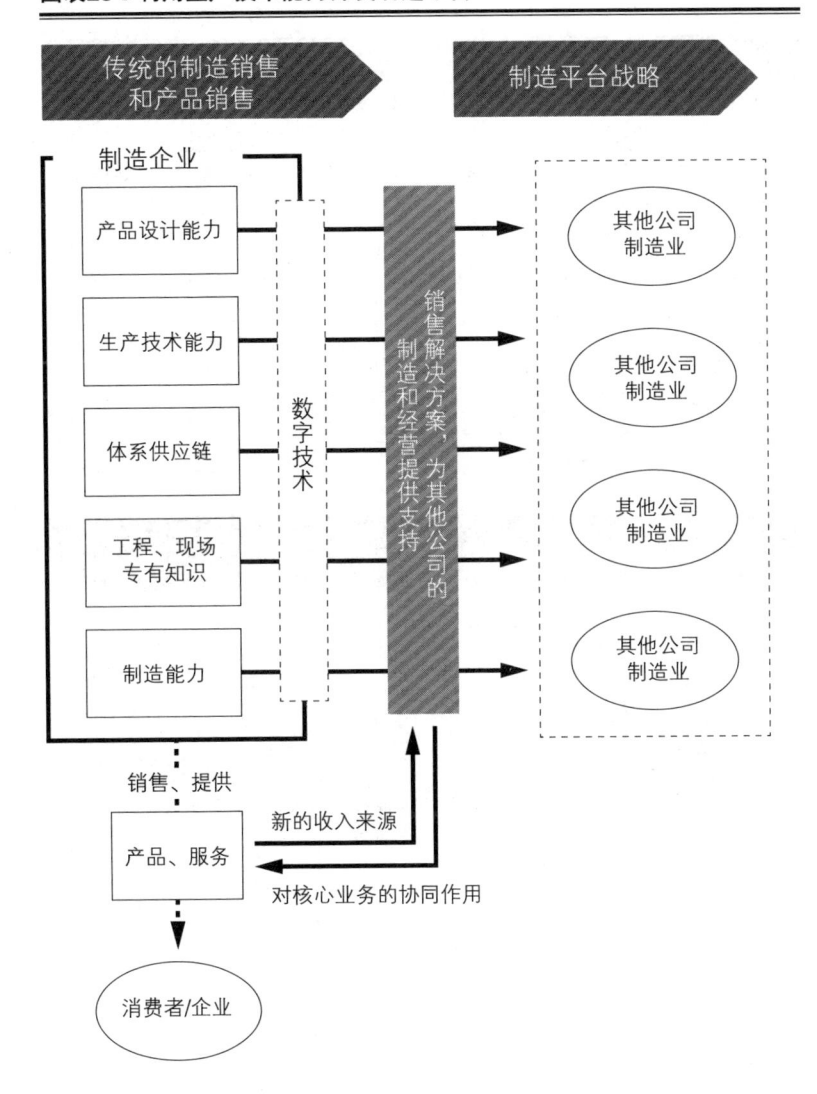

图表28 ● 利用生产技术能力开发制造平台

传统的制造销售和产品销售 → 制造平台战略

制造企业：
- 产品设计能力
- 生产技术能力
- 体系供应链
- 工程、现场专有知识
- 制造能力

数字技术

销售解决方案，为其他公司的制造和经营提供支持

- 其他公司制造业
- 其他公司制造业
- 其他公司制造业
- 其他公司制造业

销售、提供 → 产品、服务 → 消费者/企业

新的收入来源

对核心业务的协同作用

图表29●利用生产技术能力开发的制造平台模式

（1）制造培训/咨询

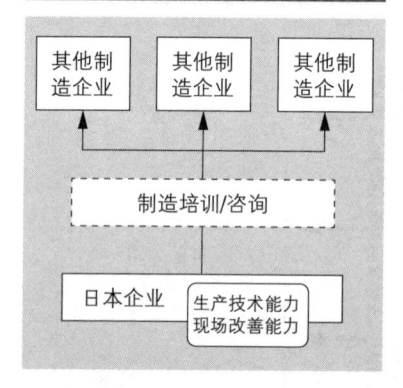

其他制造企业 ← 其他制造企业 ← 其他制造企业

↑ 制造培训/咨询 ↑

日本企业 — 生产技术能力 现场改善能力

（2）标准生产线模块的对外销售
（利润：生产线模块销售费用）

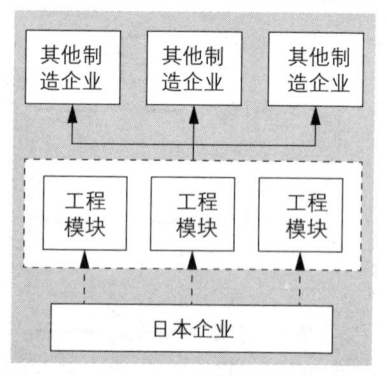

其他制造企业　其他制造企业　其他制造企业

↑　↑　↑

工程模块　工程模块　工程模块

↑　↑　↑

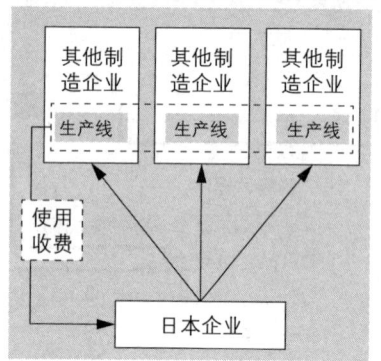

日本企业

（3）生产线制造商开发
（利润：生产线导入费用）

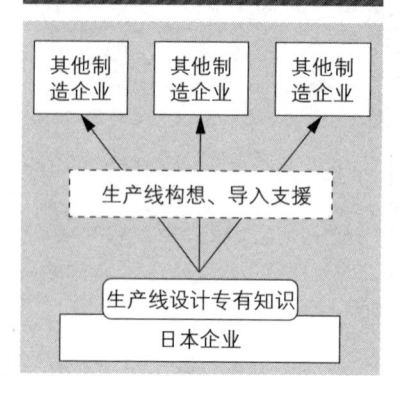

其他制造企业　其他制造企业　其他制造企业

↑　↑　↑

生产线构想、导入支援

↑

生产线设计专有知识

日本企业

（4）建设生产线的服务型收费
［利润：生产线使用费用（生产量等）］

其他制造企业　其他制造企业　其他制造企业

生产线　生产线　生产线

↑　↑　↑

使用收费

↑

日本企业

(3) 生产线制造商开发

发挥生产技术优势，支援其他公司的生产线建设。提供涵盖生产线设计、工程—设备采购—安装、试运行、培训、维护的一站式服务。生产线构想、导入服务及维护费用将成为主要的收入来源。

(4) 建设生产线的服务型收费

为其他制造企业提供生产线建设服务，并且在投入生产之后持续收费。生产量、生产线运行时间等生产线的使用费将成为主要的收入来源。

下文中，我将介绍两个成功案例——电装和日立制作所，它们都是在出售生产技术，支援其他公司生产线建设方面取得优异成绩的优秀案例。

2 电装成立工业解决方案事业部

基于用户角度的提案

作为全球最大的汽车零部件制造商之一,电装将基于多年制造经验积累下来的生产技术能力,充分应用到了其他企业的生产线建设中。该公司自 1949 年创立以来,持续致力于汽车零件生产的标准化,于 2017 年成立 FA 事业部(2021 年更名为工业解决方案事业部),为其他公司的生产线建设提供支援。

一直以来,电装都在全力推进机器人技术发展,于 1991 年开始对外销售该技术,并成立了独立的公司来推进这项事业。除此之外,还将用于生产现场信息管理的二维码,以及在全球化进程中不断得到完善的 IoT 相关产品作为商品进行销售。和专业机器人制造商相比,电装的优势在于能够基于制造过程中累积和持续改善的技术、专有知识,站在客户的视角提出制造方案。

运用了数字化技术的泰国生产线培训(LASI)

该项目的特点在于主要面向包括泰国在内的东盟国家。以产官学合作的形式,提供基于公司生产技术的培训项目。以此

第5章 模式② 出售生产技术能力

图表30 ● 电装FA事业部的发展

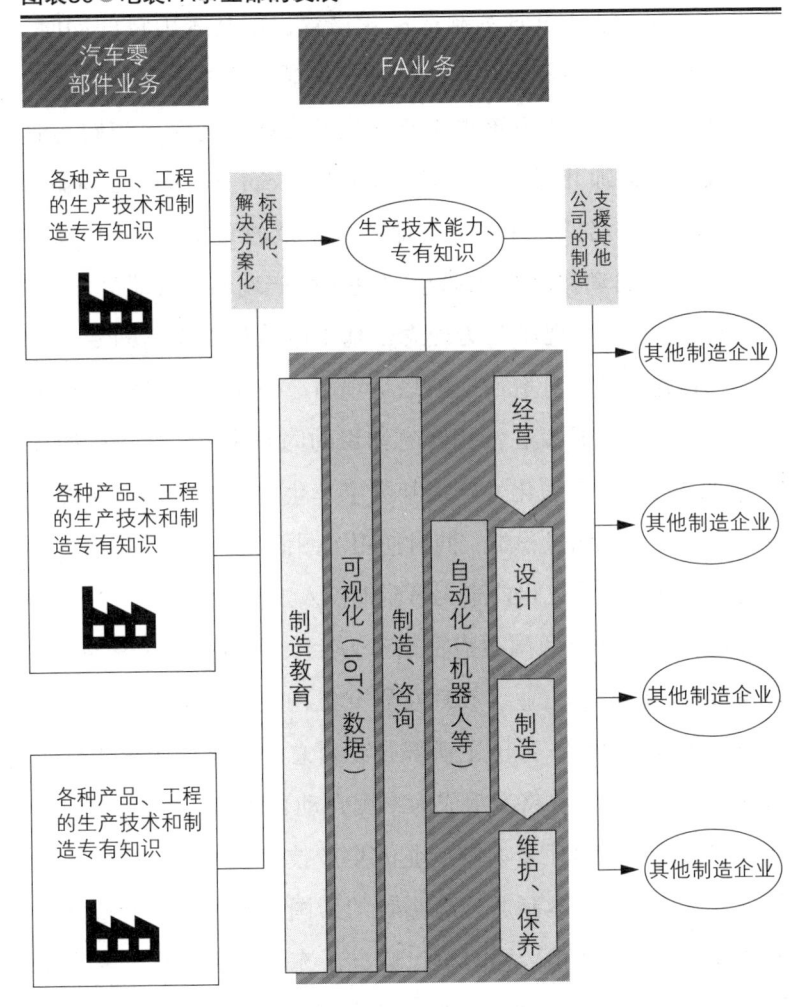

汽车零部件业务

各种产品、工程的生产技术和制造专有知识

各种产品、工程的生产技术和制造专有知识

各种产品、工程的生产技术和制造专有知识

标准化、解决方案化

FA业务

生产技术能力、专有知识

制造教育

可视化（IoT、数据）

制造、咨询

自动化（机器人等）

经营

设计

制造

维护、保养

支援其他公司的制造

其他制造企业

其他制造企业

其他制造企业

其他制造企业

101

夯实产业基础，开拓新市场，布局新事业。

为提升泰国制造企业的竞争力，应在发挥泰国制造业优势——长期以来通过日本制造模式培育出的技术力量的同时，努力推动高效率自动化生产。为此，电装与日本、泰国政府共同合作，面向当地的系统集成商（生产设备制造商）和制造业生产技术工程师开展了一项名为 LASI（Lean Automation System Integrators）的培训，并联合当地的大学及教育机构共同开展。LASI 是以"自动化前的合理化""基于生产现场的自动化技术""持续改善的生产现场"为理念，基于电装长期积累的专有知识——精益自动化打造而成的培训项目。位于曼谷的学习型工厂（实证生产线）就在活用专有知识的同时采用了最先进的技术，通过机器人自动化生产线和数字孪生之间的联动，在将生产线进行工程化的过程中，同时使用了图面和 3D 图像技术，即使是不熟练的操作工也能毫无障碍地投入工作。

该项目为泰日两国政府的合作项目，具有巨大的影响力，不仅被泰国政府、工业、教育及研究机构视为强化国内制造业竞争力的核心要素，泰国工业部长在对总理的报告中也表示了对该项目的期待，称将有望成为泰国自动化的支柱。由此可见，新兴国家都十分信任日本制造业的生产技术能力。借助这一项目，电装在深受日本制造理念影响的泰国实现了生产制造能力的持续提升。我相信，面对早已瞄准了东盟市场的欧美及中国制造商，日本企业完全可以通过自身的独特价值，坚守住自己的"根据地"。迄今为止，通过与当地大学及教育机构的合作，

LASI 项目已经成功培养出了约 800 名工程师。

未来，LASI 项目可能会被反向输入日本，为日本的制造业提供服务。

为东南亚制造企业提供支援

电装还为泰国等东盟地区的其他制造企业提供提升竞争力、生产力方面的支援。利用内部多年积累的生产技术、IoT 可视化技术、机器人等自动化技术，为生产线、操作诊断、利用数据实现的可视化、改善、高效自动化、OEE（设备综合效率）的提升等提供全方位的支援。

该公司并非基于公司内部既有的解决方案，而是基于在制造过程中不断试错后累积下来的专有知识，提供完全"以用户为中心"的支援方式。如此一来，便可赢得当地各行各业、各种规模制造企业的信任。

除此之外，电装在提高自身的生产能力和赢利能力，创建"领先工厂"的同时，也在不断完善自己的生产技术，上述的"1/N 生产线"便是其中一个案例。基于这些生产技术方面的优势，该公司有望在提升内部制造实力的同时，为其他制造企业提供更好的支援。

3　日立制作所——充分利用生产技术

除了电装之外，日立也在积极将自身的生产技术能力拓展至其他公司。该企业通过收购美国的大型生产线制造商 JR Automation，开启了生产线建设业务。JR Automation 公司主要为汽车、飞机、食品/饮料等各类企业提供制造生产线的设计、导入、维护等服务。

日立制作所采取的战略是：利用自身制造技术和专有知识，将自主开发的 IoT 平台 Lumada，与 AGV（无人运输车）和供应链管理系统（SCM）等物流，以及库存管理、材料搬运等相关业务相结合，为其他公司的制造业务提供全方位支持。

该公司提出一个非常有效的方案，即将生产领域与负责零部件运输的物料处理领域相结合。包括上述的大规模定制在内，我们可以看到制造行业正在变得日趋复杂，在这一情况下，如何灵活地连接各制造工程就成了一个非常重要的课题，其关键在于库存管理和搬运工程等物料处理工程中。

以往，为制造企业提供支援的设备制造商和生产线制造商等，为物料处理工程提供支援的自动化仓库，以及提供搬运设备的物料处理企业都是各自为政、互不干涉的，方案也是分别提出的。在发展"制造平台"中最重要的一点就在于，我们应站在用户的角度，而非从机器制造商的角度，为企业提出结合了上述多个方面的最优制造方案（图表31）。

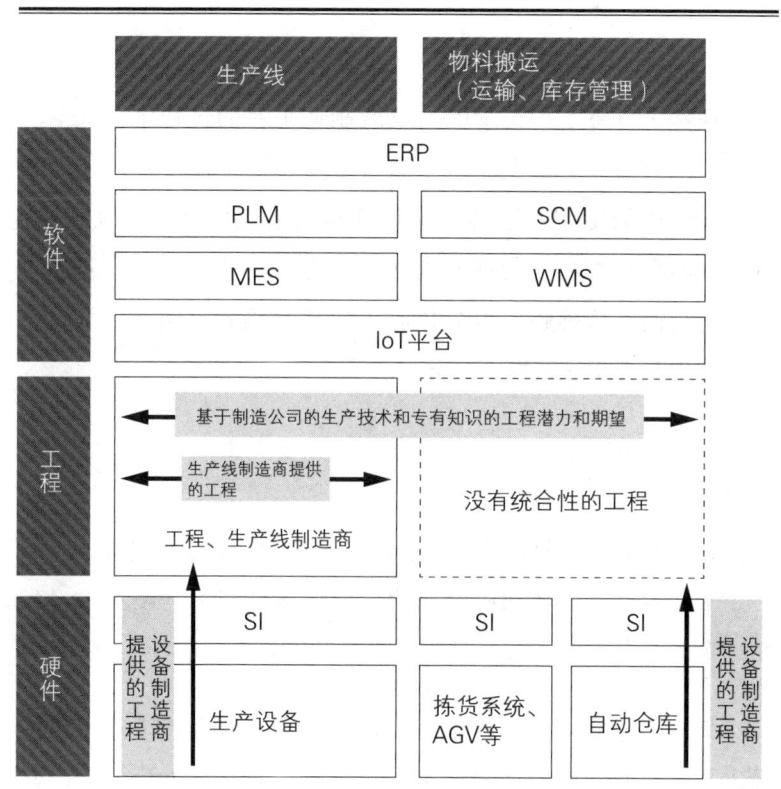

图表31 ● 生产线、物料搬运中的工程及用户制造企业

软件	生产线	物料搬运（运输、库存管理）	
	ERP		
	PLM	SCM	
	MES	WMS	
	IoT平台		
工程	基于制造公司的生产技术和专有知识的工程潜力和期望		
	生产线制造商提供的工程	没有统合性的工程	
	工程、生产线制造商		
硬件	SI	SI	SI
提供的工程 设备制造商	生产设备	拣货系统、AGV等	自动仓库	提供的工程 设备制造商

此外，FA（工厂自动化）企业欧姆龙和德国大型机器人制造商库卡等企业也正在进一步推进物料处理支援服务的商品化，并积极开发结合了生产工程与物料处理工程的制造方案。

4　工程的要素分解与标准化、可视化

在基于自身生产技术能力发展制造平台的过程中，日本制造业应注意的一个要点，即明确核心及非核心在本公司技术和专有知识中的定位，这其实也是日本制造业面临的最大挑战。许多日本企业都将所有生产技术和工程视为自己的核心技术，并未将它们进行拆解以区分核心与非核心领域。例如，可以将工程和生产技术进行以下区分。

- 竞争力源泉的核心组成部分——形成企业差异化的核心工程。
- 具有竞争力的生产线工程中，可以对外销售的部分。
- 在本公司的非核心领域中，能够通过利用、导入生产线制造商等外部资源来有效提升资源效率的工程。

某汽车零部件企业就出现过以下问题。该企业于几十年前导入了当时世界最先进的技术，并实行了完全自主化的生产模式。自那以后，该企业就将生产线视为竞争力的源泉，并不断加强自主生产。对内部技术的过度自信让该企业犹如井底之蛙，丝毫没有意识到外部的生产线制造商、设备制造商在技术及成本方面的飞速发展。意识到这一点后，当时的生产技术负责人

第 5 章 模式② 出售生产技术能力

大受打击,并立刻对企业方针做了重大调整,决定导入外部的生产线制造商来改进这条生产线。

也有一些将自己的生产线技术免费甚至付费提供给其他企业使用的案例。例如某家汽车相关企业就向体系内以及其他企业提供了改善后的工程,并与大家共同讨论、改进,最终形成一个商品包对外出售。

因此,我们应站在"外部"立场上,对本公司工程的技术及专有知识优势与竞争力重新进行客观分析。

"标准化"和"可视化"是对外销售时的重点。日本企业虽然在生产技术能力方面具有很大的优势,但许多专有知识都是属于个人的暗默知识。只有将其"可视化""标准化"后,才能让本公司的资深操作员以外的其他人员也能充分理解、运用,这是将其作为商品对外销售的前提条件。

例如,在生产线设计中,应采用 3D 生产线数据库的形式进行储存,而非图纸或暗默知识的形式。如此一来,就可以改变过去只能依靠资深技术员工解读图面,并利用自身的经验来调整、改变生产线的局面,让任何人都能"看得见"。这不仅可以促进公司内部的跨部门合作和技能传承,还可以开发出更多面向其他制造企业销售的产品包。

创建 3D 数据库后,无论是提案还是导入后,都能接收到来自客户的反馈,并基于这些反馈来强化或改正自身技术,不断精进制造专有知识。

5　日本企业如何向全球生产线制造商学习

在向外部销售生产技术时，上文所述的生产线制造商的全球化策略应该能够提供一些参考。针对生产线制造商在业务发展中的优势，我想分为以下几点进行详细说明。

【销售、客户开发阶段】

①以可靠性和实绩为主轴来开发客户

制造行业的客户在选择生产线制造商时，看中的是其可靠性和实绩。生产线停工必然会导致巨大的损失，应努力避免出现这种问题。所以客户会非常重视可靠性和实绩，口碑自然就成了一个重要的判断标准。欧美及新兴国家的人员流动率是很高的，从老客户公司离职的生产技术人员如果能为新客户做推荐，往往会大大促成交易成功率。

新客户一般不会从一开始就发出大范围的委托，而是先委托一些比如工程间搬运模块等的小订单，在认可品质后再慢慢增加委托内容。想要依托生产技术能力成为生产线制造商的日本企业，即使初期并无对外销售的经验，"这一生产线已在我们公司使用了多年，品质十分稳定"也能成为一个值得信任的实绩。以此为契机，先在小范围内挖掘客户，慢慢增加销售订单，

第5章 模式② 出售生产技术能力

这一点十分重要。

②基于 3D 数字孪生技术的"可视化"提案

在向外部客户进行生产线提案的过程中，不存在作为比较对象的前提条件——自己公司内部的现有生产线、图纸的解释水平，以及多年积累下来的"对暗默知识的理解"。必须以"可视化"的形式向客户提案，因此要借助各公司的 3D 工厂模拟器等数字孪生技术，进行 3D 立体化的生产线提案。

所以，要熟练掌握多个 3D 工厂模拟器的使用方式，以匹配不同客户使用的工厂线模拟器、设备、CAD 软件等。但这一切的前提都在于掌握利用数字孪生技术的提案能力，因此要先确定一个核心工具，并熟练掌握各项功能。

想要明确可以作为商品销售的生产线菜单的基础所在，就必须将自身优势所在的生产线进行 3D 化，并以此为基础，结合其他公司的制造状况进行设计。但如果将公司内所有的生产线都进行 3D 化，无疑要花费大量的成本和资源。因此，要先确定一条有望作为商品对外销售的生产线，并对其进行 3D 化。

想要 3D 化生产线，首先就要让自己公司内部的人才能够参与到数字孪生技术服务商提供的教育活动中，并掌握相关的专有知识。也可以与一些 3D 建模器企业合作，它们会基于自己的生产线来提供 3D 技术支援。

【工程、设备/软件选定阶段】

③基于数字孪生技术的高效设计、设备设定及试运行

如上所述,生产线中的数字孪生是一种数字空间中的模拟技术,可以在现实空间中进行再现并实现联动。使用数字孪生技术显示出生产线后,一直以来都被视为暗默知识的部分就可以通过3D技术直观地呈现出来,所有人对图纸的解读也都不会出现任何差异。这一标准化举措已经越来越受到人们的关注。

因此,在进行新生产线的设计时,即便不进行生产线的试作,也能成功模拟出完全相同的制造环境并进行改善,这大大提升了设计的效率。在模拟结果上,还可以针对工厂设施、配线、管道等是否出现干涉,各工程间的搬运、整体运行时间、生产力、员工安全等问题进行模拟,并进行改善。

另外,将自己公司内部的生产线,与提供给其他公司的生产线汇总成3D库后,不仅可以提升将来建设类似生产线时的工作效率,在向其他公司推广时,也能将这些作为生产线菜单和内部实绩。在作为生产线制造商提供服务的过程中,一定要努力降低工程的工时,因为这对成本的影响是巨大的。要充分利用自己作为同行业基础设施的数字孪生技术,来有效地开发生产线工程。这也会反过来提升自己公司在生产线设计、导入中的效率,并增强自身竞争力。

④彻底的标准化及规模效应

对于生产线制造商而言,竞争力的源泉就在于标准化。例

如，德国的杜尔就为各行业、工程设定了标准菜单。如果过于努力满足单个客户的特殊需求，就只能开发满足某些特定客户的生产线解决方案。因此要学会因数分解，找出满足大多数客户需求的最大公约数，将其视为"标准解决方案"。日本的解决方案服务商们都过于重视特定客户的个别问题，所以难以实现规模化，这些企业尤其需要学会找最大公约数的技巧。

此外，日本大型生产线制造商平田机工正在大力推进生产设备的标准化，并将其作为一种 ACS 概念（Assembly CellSystem）。该公司正努力将各工程中使用的设备、零件进行共用化，将各功能模块进行标准化。这个做法成功缩短了每个模块的工程、测试等周期，大大降低了生产启动时间和成本。过去的汽车生产线中往往将设置各种专用设备视为理所当然之事，而平田机工将这些专用设备更改为多功能标准生产线后，不仅提升了生产线的设计效率，实现了灵活的产品类型生产切换，还成功地节省了空间、提升了维护效率。

标准化除了可以节省工程成本之外，还可以降低生产线硬件和软件的供应商数量，从而获得"量大从优"的成本优势。生产线导入成本中，硬件和软件的占比还是非常高的，所以通过大批量订购来获得成本优势也是十分重要的。

⑤利用海外基地，高效、快速交付非核心的日常设计业务

由于生产线制造商非常看中工程成本及交货速度，因此它们也正在全面构建全球化的执行体制。例如，欧洲的生产线制造商在构想、设计生产线时，就不会完全使用成本高昂的欧洲工程师。生产线工程的设计业务可以分为两种，一个是能够产生附加价值的核心工作，另一个是日常的非核心工作。于是它们将后者委托给了印度等国的工厂进行。如此一来，就能在降低工程成本的同时，利用时差实现24小时工作，从而缩短交货时间。

【服务、维护阶段】

⑥利用IoT、数字孪生技术实现远程维护

对于生产线制造商而言，除了要努力让客户导入新生产线，还要与客户建立起长久的合作关系，这样才能在导入后持续获得利润。新生产线的导入受经济、客户业绩等因素的影响较大，要想获得稳定的利润，就要提高导入后的服务水平。从这个角度来看，数字技术是必不可少的工具。

时常拜访客户工厂以了解情况，检查新导入或增设生产线的维护需求，这种做法是非常低效且浪费资源的。为了尽量减少这种情况，就应借助IoT技术实时掌握客户生产线的状态，并进行预测性维护，要提前把握维护时机，并提出改善建议。

生产线建设者在为各个公司开发IoT平台的同时，也在维护领域不断推广数字孪生技术的运用。新冠疫情暴发后，客户越来越重视对生产线状况的远程控制了，部分生产线制造商也开始提供可以通过3D技术实时掌握生产线状态的数字孪生技术。

⑦生产线操作教育

在为客户导入生产线的同时，也要提供针对操作及维护的培训服务。可以开发教育内容并持续提供给客户。特别是欧美和新兴国家的企业,客户方的负责人总是频繁跳槽,关于这一点在上文中也有提及。因此需要时常为客户提供教育服务,这也能成为一个利润来源。与此同时,还能在这个过程中维护好客户关系,为下一次业务打好基础。

【经营、人才】

⑧精英人才战略、组织的培养

到目前为止,我们已经介绍了生产线制造商的优势以及对日本企业的启发。除了以上这些要素外,还有另一项更重要的要素——"人力资源",想必这一点无人反对。尤其是与直接商品息息相关的"生产线标准化的识别",对生产线制造商而言是业务利润的一个重要来源,因此企业在人才培养和组织设计方面会投入相当大的资源。

最先进的生产线制造商不仅设立了专门的组织来开展生产线菜单的标准化工作,还建立了完善的人才培养制度。具体而言,就是挑选出一位富有远见的年轻人,由精英工程师负责对其进行培养,并按照事先确定的领域、部门顺序安排其进行轮岗,以快速积累工作经验,将其培养成一个具有战略决策能力的人才。这些公司已经建立起战略性培养精英工程师、设置标准化专业组织的机制。

除了生产技术部门,许多日本企业还会以轮岗的方式培养全方位人才,使其成为足以支撑企业经营的重要人力资源。但能做到识别未来的精英人才，并有针对性地对其进行差异化培养的例子并不多见。日本企业在利用生产技术能力发展事业的同时，也需要战略性地培养一些专业人才。

⑨有效扩展相应工程的覆盖面

全球知名的生产线制造商并不会将目光锁定在某个特定的行业或领域，而是涵盖了多个行业或工程。当然也有一些是与客户合作并实现扩大的领域，但大部分情况下，都是从现有客户的导入实绩及标准化中找到了通用解决方案，从而不断开拓全新的领域，或通过M&A、收购等方式扩大业务覆盖面。

在寻找通用解决方案并扩展到新领域的案例中，大部分契机都存在于库存管理、搬运等物料处理工作中。从各行业、各工程的通用需求区域开始涉足该行业，再逐步扩大到装配、加工、检测等前后工程。

日本企业的生产线制造商，需要先找到一个内部生产线的优势工程，接着思考其是否可以作为通用解决方案，运用于其他企业或行业，同时考虑外部客户的需求和问题，确定是否可以扩大该解决方案的覆盖面。

例如，在主要生产线制造商的领域组合中，就有许多将具有相似生产线特性的汽车行业、航空器行业乃至电子产品行业定义为产品组合的案例。在EV的大趋势下，这些公司也正积极开发结合了汽车与电子技术的产品。

此外，为汽车相关企业提供生产线建设服务的企业，其主要业务目标当然是同行业的其他公司，但也有可能将目光同时

第5章 模式② 出售生产技术能力

瞄准食品行业。这是因为食品行业存在许多手工装配的生产线，汽车行业则还停留在几年前的自动化水平，所以自己公司的历史专有知识就足够应对这些行业的生产线建设了。

这些举措不仅对生产设备 SIer 公司以及希望成为生产线制造商的企业有所帮助，也能同时加强对公司内部其他工程提出建议的能力。衷心祝愿日本制造企业能在此基础上不断开发出充分发挥生产技术优势的制造平台。

第 6 章

模式③
出售网络和体系专有知识

第6章 模式③ 出售网络和体系专有知识

1 两种方式

在本章中，我将对出售供应链、体系网络和管理专有知识的模式进行说明。

日本企业内部都有一个被称作"体系"的网络，主要涉及专有知识和技术的分享、共同开发、生产及品质指导等跨企业合作内容，这也一直是日本企业在加强供应链整体竞争力方面的优势所在。制造商会与供应商一起开发零部件、派遣工程师到供应商处进行生产线的改善指导、共同提升生产力和品质水平……通过双方的团结协作来确保产品的竞争力。

例如，丰田汽车与其母公司丰田自动织机，以及电装、爱信精机、捷太格特、东海理化、丰田通商等大型零部件制造商之间都有千丝万缕的资本联系，并一直都有着十分密切的合作。包括一些与丰田没有资本关系的供应商在内，已经形成了一个名为"协丰会"（约230家零部件供应商）及一个名为"荣丰会"（约130家设备供应商和物流公司）的体系网络，不断加深与丰田汽车之间的合作。

丰田汽车会派遣生产技术专家为零部件供应商解决现场问题，并在体系内分享生产技术的优秀案例。通过在体系供应链内互相分享专有知识来提升整体的竞争力。

图表32 ● 借助供应链和体系开发制造平台

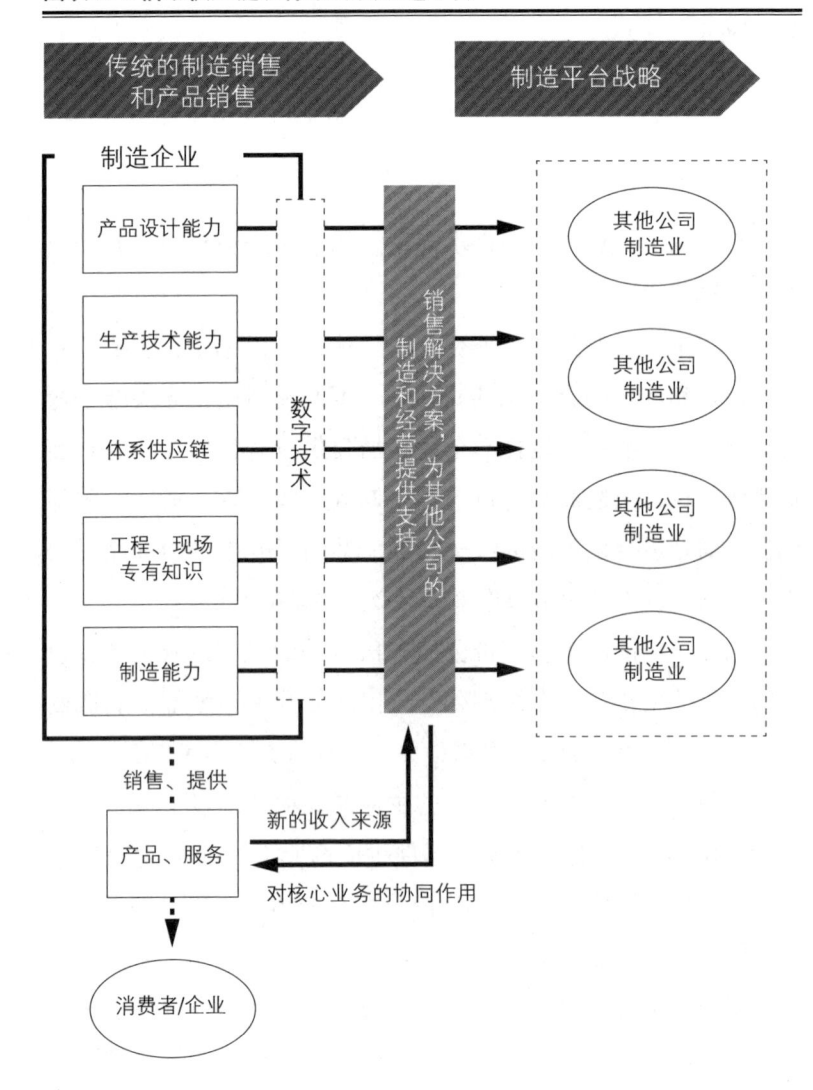

传统的制造销售和产品销售　　　　　制造平台战略

制造企业
- 产品设计能力
- 生产技术能力
- 体系供应链
- 工程、现场专有知识
- 制造能力

数字技术

销售解决方案，制造和经营提供支持，为其他公司的

其他公司制造业
其他公司制造业
其他公司制造业
其他公司制造业

销售、提供

产品、服务

新的收入来源

对核心业务的协同作用

消费者/企业

120

第6章 模式③ 出售网络和体系专有知识

下文中也将进行介绍，国外的企业正在致力于将这一过程数字化，利用 IoT 来连接整个供应链，同时建立起"数字体系"，通过应用程序来分享这些数字化背后的专有知识。

然而，它们尚且无法达到如日本企业在物理层面上建立起的深度合作。日本企业虽然在体系的数字化方面没有追赶上时代的步伐，但它们完全可以凭借自身的优势推进数字化，从而建立起具有竞争力的数字体系供应链。

日本企业可以利用优势采取以下两个方式进行：（1）数字体系；（2）生产共享平台。接下来我将结合案例逐一进行介绍。

（1）数字体系

开发连接内部工厂和供应商的 IoT 基础设施，向外延伸至并无直接采购、供给关系的体系外及其他行业公司。如此一来，就可以实现数据和专有知识的共享及合作，建立起一个具有竞争力的数字化体系。

（2）生产共享平台

作为数字体系的衍生产品，为希望外包生产的用户与具有制造能力的供应商进行匹配。想要做到这一点，就必须具备对用户要求的品质水平的解释和辨别能力，且足够了解网络企业的生产能力和品质水平。

2 数字体系——企业、数据争夺战的时代已经来临

本章将对数字体系的全球趋势展开说明，同时我将把BMW、VW和柯尼卡美能达作为代表案例。

过去，以体系为代表的公司供应链，主要是以物理层面上的采购和供给关系为纽带。进入数字化时代后，这一纽带正在逐步转变为以数据和专有知识为主的联系。

我建议将这种企业关系称为"数字体系"。无论身处哪个行业，无论是否存在实际的贸易关系，无论总部位于哪个国家，都可以通过分享数据和专有知识，来加强数字体系的整体竞争力，且这一趋势正在逐渐加强。

包括欧洲汽车巨头VW、BMW在内的公司已经加入这一行列。它们不仅借助IoT平台将内部工厂和供应链公司的数据连接到了一起，还将该平台作为商品进行销售，与并无直接贸易关系的体系外公司，及其他行业的公司建立起了数字体系关系。

3 BMW 与 VW 的做法

涉足不同行业

BMW 正与微软的云平台 Azure 携手开发用于智能工厂建设的开放式制造平台（OMP）（图表 33）。

OMP 搭载的是该公司的生产用 IoT 平台，所以除了提供给内部使用，还可以作为商品对外销售，连接了数以千计的供应链企业，乃至无贸易合作的其他公司、其他行业公司。汽车行业内的主要用户包括：博世、ZF 以及佛吉亚等大型汽车零部件制造商；无贸易合作的其他公司、其他行业公司包括：百威英博（饮料制造商）及西门子医疗等。

该数字体系中使用了由 BMW 及博世等参与者开发的应用程序，其他行业的公司也可以通过该平台学习他人的宝贵专有知识。

上述的应用程序包括：材料处理和物流工程中的自动驾驶 AGV（无人运输车）管理、运输路线改进、自主运输、预测性维护，等等。BMW 正计划针对多家企业的共同问题（如零部件采购流程、装配流程等）开发更加精密和合理的应用程序，以进一步加强其在数字体系方面的竞争力。

图表33 ● BMW的数字体系举措

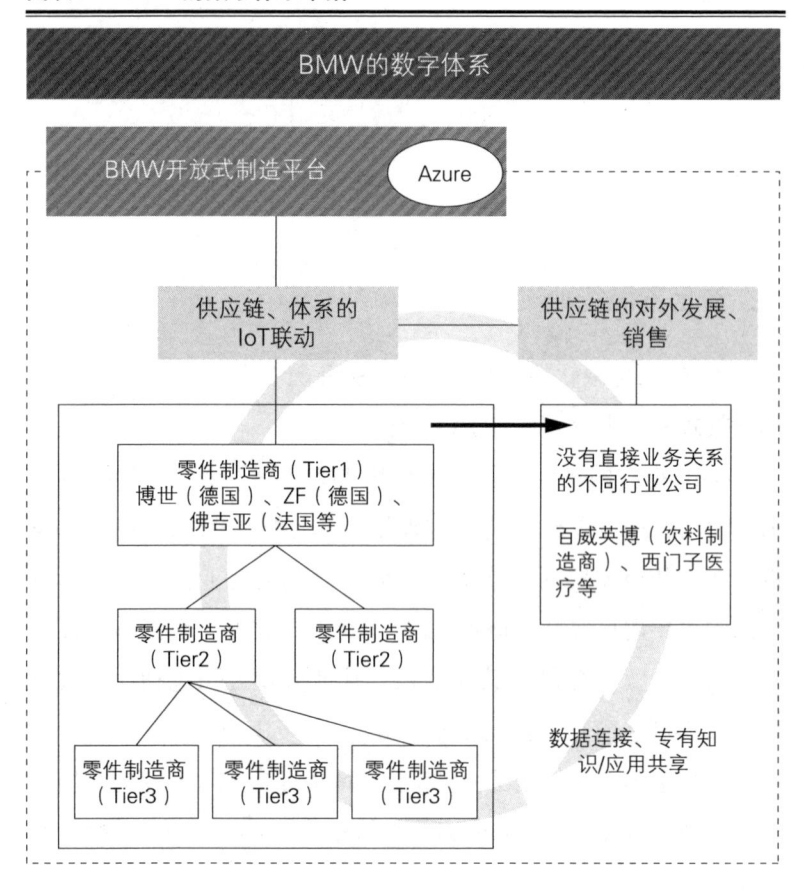

BMW的数字体系

- BMW开放式制造平台 — Azure

供应链、体系的IoT联动
- 零件制造商（Tier1）博世（德国）、ZF（德国）、佛吉亚（法国）等
  - 零件制造商（Tier2）
    - 零件制造商（Tier3）
    - 零件制造商（Tier3）
  - 零件制造商（Tier2）
    - 零件制造商（Tier3）

供应链的对外发展、销售
- 没有直接业务关系的不同行业公司
  - 百威英博（饮料制造商）、西门子医疗等

数据连接、专有知识/应用共享

通过扩张供应链加强抗灾能力

同样，德国的汽车企业VW也推出了大众工业云，计划在该集团内的122个生产工厂中实现标准化；同时制定了一项长期计划——将VW体系内全球1500多家供应商的3万多个工厂

第 6 章　模式③　出售网络和体系专有知识

全部网罗进这一平台,并向体系外厂商及其他行业的制造商销售这一平台。除了 VW 体系内的厂商之外,ABB(机器人制造商)、杜尔(焊接机器人及生产线制造商)、GROB(设备制造商及生产线制造商)等其他行业的共计 11 家企业也共同参与了该项目。

随着欧洲的汽车企业与 BMW、VW 共同开发,未来这种数字体系一定会迅速席卷全球。如此一来,传统的产品采购、供应关系就会发生改变,无法清晰阐述"通过提供和分享自身新业务形式或改善操作方式能带来哪些优势"的企业,就会在数字体系平台上失去包括其他行业在内的贸易伙伴。换言之,数字体系的连接企业及数据将成为所有人争夺的目标。

例如,汽车零部件制造商的客户不会只是一家公司,一定是有许多家的。那么在例如欧洲的 BMW、VW 等车厂都在开发自己的数字体系时,零部件供应商就不得不选择应该加入哪个平台。同样地,整车制造商也会争夺拥有高端技术和数据的公司。这一切的关键都在于数字体系的吸引力是否足够强。

此外,一旦出现自然灾害或新冠疫情等灾难,就可能导致现有供应链的断裂。想要避免这种情况的发生,企业就要努力扩大自己的供应链网络,并在紧急情况下以特殊方式展开交易和合作。数字体系在提升供应链恢复能力方面也能发挥重要的作用。

日本公司可以通过向外部企业分享专有知识来提升整个供应链的竞争力,从而迅速实现向数字体系模式的跨越。

4 柯尼卡美能达、马来西亚 SIC 的举措

电子行业的柯尼卡美能达也加入了数字体系的队伍。该公司已在马来西亚率先采取了数字体系举措。

该公司已经加入马来西亚智能工业中心（SIC）。SIC 将马来西亚工业园区内的多个供应商接入了包括装配工厂客户在内的网络中，让所有用户在此共享库存和品质信息，与此同时推动物流的集约化，从而不断提升生产效率、降低制造成本（图表34）。

图表34 ● 柯尼卡美能达的"数字体系"举措（马来西亚SIC）

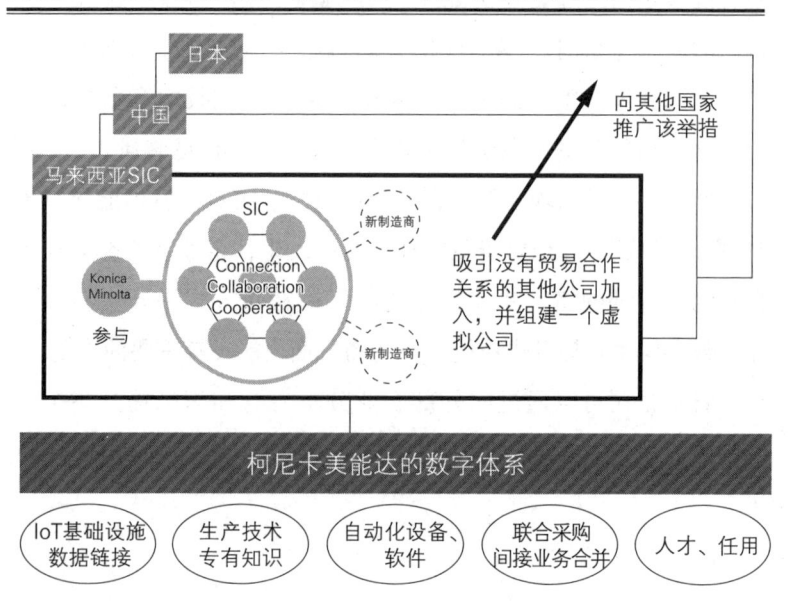

第6章 模式③ 出售网络和体系专有知识

除柯尼卡美能达之外，大型港口物流公司上组，十家来自马来西亚、中国的供应商也都入驻了面积逾10万平方米的SIC园区。基于"虚拟公司"的概念，SIC计划在装配厂与供应商之间，以及在多个供应商之间实现设施运行状态、生产计划和库存信息的共享，最终实现生产和库存计划的不断优化。

在物流方面，由于供应商彼此相邻，这就大大缩短了交货路线，同时也能共享AGV、自动仓库等设施，降低了企业的投资成本。除此之外，还推行了自动化设备，包括柯尼卡美能达提出的"数字制造"解决方案在内的设备管理IoT，数据链接机制及共通间接业务的整合，通过集中采购降低采购成本，以及人力资源的共同开发等举措。

从资源和能力上来说，很难让每家供应商都来思考这件事。但入驻SIC的企业却在柯尼卡美能达的支持下不断推进了这些举措。供应商的高效和低成本化，也会给柯尼卡美能达的制造产业带来积极的影响。

多年来，柯尼卡美能达一直致力于利用自己的技术和专有知识帮助当地供应商提升制造水平，这一点在新兴国家等市场更是尤为显著。从供应商内部最根本的5S（整理、整顿、清扫、清洁、素养），到生产线设计、品质管理，柯尼卡美能达都积极地予以指导和分享，希望能逐渐为自己培养出具有竞争力的供应链。这次的SIC也是出于相同的目的，不同的是将以往的供应链管理和强化手法转为使用数字技术方式，从而大幅提高了效率。

柯尼卡美能达正计划将这种模式扩展到其他无直接采购及供应关系的公司和不同行业,以及包括日本和中国在内的多个国家。

5　日式数字体系的优势和论点

体系的性质有所变化

对于日本企业来说，数字体系不是单纯的数据合作，而是应该充分利用自身的制造技术和专有知识，在企业经营及制造现场的改善指导等方面提供服务，即开发出更加贴近"现场"的数字体系，这样才能在席卷全球的数字体系浪潮中异军突起。入驻 SIC 的马来西亚企业，除了拥有毗邻其客户柯尼卡美能达，能够实现零库存生产的优势外，还能学习柯尼卡美能达的专有知识和技术，从而加快自身的成长速度。

我相信，日本企业一定可以借助在体系和供应商建设过程中形成的网络和专有知识，以及迄今为止因支援当地供应商而收获的经验和信任，开发具有竞争力的数字体系。

未来，体系的性质也会发生重大变化，不再是单纯的装配厂与零件制造商的关系，而是成为数据以及基于该数据的应用和专有知识的共享者，利用这种合作关系来相互促进，提升公司实力。

例如一些饮料、医疗保健等行业的企业就已经加入了 BMW 平台，可见平台不再是某个行业的专属，而是具有不断延伸至其他行业的可能性。基于丰田生产方式（TPS）提供咨询服务的TPS咨询公司也是如此，除了为汽车行业提供咨询服务外，食品、农业、服务业等其他众多行业也是它们的服务对象。由此可知，在某些特定行业中积累的数据和专有知识，也适用于其他行业。

针对日本企业今后的数字体系发展方式，主要存在以下两种论点。

（1）明确在数字体系中共享的技术、专有知识，并使之标准化

许多企业在开发制造平台时有一个共同的烦恼，那就是究竟哪些技术和专有知识应被视为核心竞争力保留在公司内部不对外开放，哪些又应该对外共享，从而提升数字体系的竞争力和魅力呢？

柯尼卡美能达共享了适用于各类工程的通用自动化设备及专有知识，而BMW则首先共享了汽车、饮料等行业中通用的材料处理应用。

对于直接的商业伙伴来说，由于削减成本、提升品质等会对既有业务的发展产生直接的影响，所以在分享技术和专有知识方面的意愿度也相对高一些。然而，随着数字体系范围不断外延至无直接贸易往来的其他公司，识别与区分哪些技术和专有知识必须保密，哪些可以在数字体系内共享，就成了一个急需解决的问题。

与其他公司开发的数字体系相比，参与企业对日本企业的期待不仅有利于数字化的发展，还能在现场改进和人力资源开发方面提供一些助力。面对日益复杂的人力资源要求，在设计数字体系时，还应该充分考虑到参与企业的需求，涵盖专业人才和技能的分享、基于IoT的数据分析、由生产技术人员提供的生产线及品质指导服务、参与企业创建的生产线模块的协作、应用程序的联合开发等各个方面。

(2) 构建一个小型、快速的数字体系

如上所述，应尽快推动数字体系的建立，以应对未来可能出现的针对数据和企业方面的竞争。若将所有开发工作集中在企业内部进行，不仅会花费庞大的时间和资源，也会让企业难以及时依据商业环境的变化而做出灵活决策。

事实上，在独自开发数字体系的过程中，BMW就借助了现有的微软Azure平台，VW也借助了AWS及西门子的工业IoT平台Mindsphere，在既有平台的基础上进行调整和重塑，从而大大加快了开发速度。

在技术方面，最重要的是对"商业模式"进行思考，即如何在现有机制下迅速启动，并通过与供应商和其他行业的数据合作及专有知识共享，实现在竞争力方面的双赢。

此外，在"数字体系"的发展过程中，除了关注参与企业数据的链接对象外，也要对利用数据后可以创造出怎样的附加值进行充分的讨论。柯尼卡美能达通过与供应商共享品质检查

信息，在不断改善内部制造流程、提升其工作效率，也在不断优化物流流程。未来，该公司将通过建立自己与供应商之间的生产计划、库存信息连接机制，提升整个供应链的制造效率。

目前，许多公司都是使用专有的生产管理及库存管理等系统。如何建立起一个能够连接这些系统的大系统，就成了一个重要的课题。正如后文中会提到的捷太格特工厂代理的案例中，上出武史社长所说的"我想重建一个新的产业集群"一样，数字体系的确是数字时代下的一种新型企业合作、联网方式。

成功建立起这些数字体系后，就有可能衍生出生产共享等其他商业模式，具体内容将在后文中进行说明。

第6章　模式③　出售网络和体系专有知识

6　生产共享、匹配平台

利用供应链网络、体系专有知识搭建"制造平台"的第二种方式，就是建立一个生产共享平台。如果能通过数字体系，将供应商及其他合作公司的运营状况、品质和能力转化为数据并进行共享，那么这个网络的制造能力就可以成为十分具有竞争力的商业产品。例如，可以开发一个能够根据客户的要求和规格，为其匹配具备生产能力的企业或工厂的平台，这便是生产共享平台的一个例子。

优步、Airbnb 等匹配平台，已经在越来越多的行业中实现了发展。

匹配平台是一种类似于"中介"的商业模式，主要是为希望得到商品和服务的用户，寻找到希望提供商品和服务的供应商，并为它们进行联网。匹配平台与出租车公司或酒店等可以直接为用户提供商业服务的企业不同，它们并不拥有资产或资源，而是利用被称为生态系统的合作伙伴、利益相关者的资源来快速发展自身的业务，因此可以实现迅速扩张。匹配平台的制造版本便是生产共享平台。

与迅速席卷世界各地各行业市场的匹配平台等领域相比，生产共享平台的发展显得缓慢许多。虽然已出现了若干个平台，但大部分平台的业务内容都是集中在只需使用单一设备的加工领域，例如3D打印机、机床，等等，尚未涉足结合使用多种工艺的制造领域。

图表35 ● 生产共享平台的商业模式

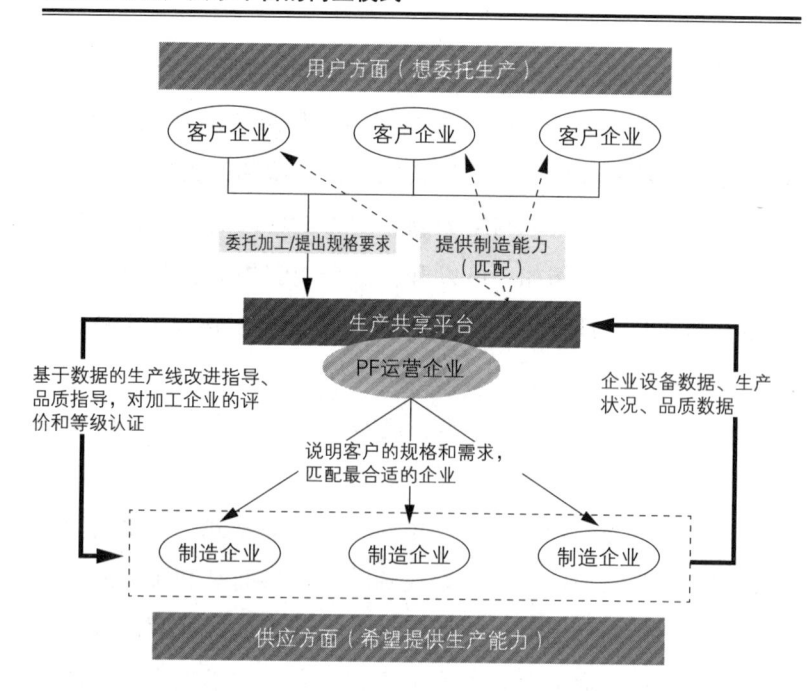

```
用户方面（想委托生产）
    客户企业    客户企业    客户企业

    委托加工/提出规格要求    提供制造能力（匹配）

        生产共享平台
         PF运营企业

基于数据的生产线改进指导、          企业设备数据、生产
品质指导，对加工企业的评            状况、品质数据
价和等级认证
        说明客户的规格和需求，
        匹配最合适的企业

    制造企业    制造企业    制造企业

供应方面（希望提供生产能力）
```

原因在于，在使用3D打印机、机床等设备进行加工时，只要有较为明确的3D图，基本上就不会出现品质偏差太大的情况，对于匹配业务来说是比较轻松的。但一旦涉及多种工艺，就很难匹配到品质优良，且技术和生产能力俱佳的企业。

以送餐为例，送餐员的送餐品质应由谁来负责的问题，一

第 6 章　模式③　出售网络和体系专有知识

直都是匹配平台上的一个热门话题。同理，在某些特别看重品质的制造行业中，供应商，也就是生产企业的品质控制是平台发展过程中的一个重要问题。从这个意义上说，大型 IT 企业等新加入者是很难在这个领域得到迅速发展的。

　　正因为如此，时刻重视供应商体系的制造能力及品质，并予以积极指导以构建整体竞争力的日本企业，或许在这个领域也能大有作为。接下来，我将对日本企业生产共享平台中的一个先进案例，即日本特殊陶业的"共享工厂"进行介绍，这也是该公司的第一个内部初创企业。

7　日本特殊陶业的共享工厂

发展三种商业模式

2018年3月,主要生产火花塞、陶瓷制品等产品的日本特殊陶业设立了第一个内部初创企业——共享工厂,旨在对外提供一个生产共享平台。共享工厂的商业模式主要可以归纳为以下三种。

①设备及测量设备的共享(为闲置生产设备和测量设备且愿意出租给他人使用的制造商,与希望租用这些设备的企业提供匹配)。
②闲置资产交易(为闲置资产的买卖提供中介服务)。
③加工服务匹配(在希望出售制造技术的企业,和希望委外制造的企业提供委托生产方面的匹配)。

截至2021年2月,约有1200家制造企业加入了该共享工厂。

如上文所述,在为设备和制造业务进行匹配时,需要由十分了解该行业的专业人员进行把关,日本特殊陶业在制造方面所具备的经验正好可以很好地实现这一点。与民宿、共享单车

第6章 模式③ 出售网络和体系专有知识

等匹配平台相比，制造行业的匹配平台不仅更看重品质，在制造理念方面也是各有千秋。因此，在匹配的过程中需要做好发包商与承包商之间的充分协调。

日本特殊陶业的创始人亲自担起了这一重任，这也让平台的信誉得到了进一步提升。共享工厂会针对客户的图纸提出建议，并将此视为自身的优势所在。在接受订单后，共享工厂会基于会员企业的技术能力、生产状况以及地址位置来进行生产业务的分配。

参与制造

与其他共享平台不同，该公司的工作并不止于单纯的匹配，而是会参与到"交付"、"成本"及"质量"等整个制造过程中去。该公司将来还打算接入由其母公司日本特殊陶业开发的供应商网络，以扩大其业务覆盖范围，为更多有量产或先进加工技术需求的客户提供服务。

共享工厂之所以能在日本特殊陶业内诞生并得到不断发展，可以说与经营层的大力支持有着密不可分的关系。制造企业在考虑开发新业务时，往往难以摆脱传统的评价标准，一般都是基于数百亿日元的销售规模或三年内的短期投资回报等进行评价的。因此，许多计划都被扼杀在了摇篮中。

尤其是共享工厂等网络型的商业模式，更是需要花费很长的时间来实现利润增长。即便如此，日本特殊陶业的经营层也依旧愿意建立并发展共享工厂。

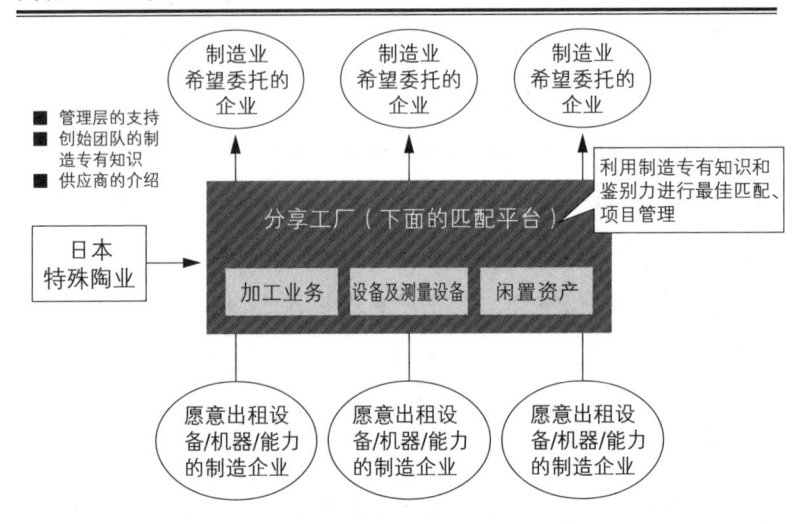

图表36 ● 日本特殊陶业共享工厂的发展

- 管理层的支持
- 创始团队的制造专有知识
- 供应商的介绍

日本特殊陶业 → 分享工厂（下面的匹配平台）
- 加工业务
- 设备及测量设备
- 闲置资产

上方：制造业希望委托的企业（×3）
利用制造专有知识和鉴别力进行最佳匹配、项目管理

下方：愿意出租设备/机器/能力的制造企业（×3）

该公司是世界领先的大型发动机火花塞等内燃机相关零件的制造商。但随着 EV 的快速发展，公司急切需要从内燃机业务中走出来。经营层也有着很强的危机感，需要尽快找出能够满足新时代发展需要的出路，也正因为如此，该公司非常鼓励员工积极提出新的经营思路。这种态度非常值得其他日本企业学习。

其他案例

除了日本特殊陶业，大型汽车零部件制造商捷太格特也开发了类似的匹配服务，并将其称为"工厂代理（Factory Agent）"，为有零件加工需求的客户，和有能力提供零件加工服务的工厂提供匹配服务。除了汽车行业，家电、半导体及建筑等

第6章 模式③ 出售网络和体系专有知识

其他行业也属于该公司的业务范围。捷太格特会根据委托方的规格及需要，为其提供匹配建议及报价。

在这个过程中，该公司的采购网络及迄今为止积累的包含3000多家企业数据在内的数据库，发挥了至关重要的作用。目前已有100家企业注册成为该网络平台的会员。初创公司Kabuku也开发了生产共享服务，只要将3D/2D图纸上传至该平台，就可以链接至该网络的世界各地工厂并匹配到适合自己的制造企业。类似的案例还有CADDi，这是一个可以为有金属加工零件生产外包需求的公司，和具备加工能力的公司进行匹配的中间平台。

8 日本——努力发展为新兴国家制造业平台

支持新兴国家政策

长久以来，日本企业通过供应链和体系的方式，与许多企业建立了良好的合作关系，今后，可以将这些公司联合起来，创建一个数字体系或生产共享平台，并在此基础上进一步发展，形成跨国发展的"日本-新兴国家制造业平台"模式。

如此一来，就可以将日本企业的数字体系推广到新兴国家的各个企业，通过对数据和专有知识的共享来开发应用程序、解决方案，从而提升所有参与企业的竞争力。为了鼓励更多的企业参与，我建议采用产官学的形式进行。

上文提到的柯尼卡美能达案例中，因该公司的目标恰好符合马来西亚"工业4WRD"产业政策——实现工业数字化，提高工业水平——的目标，所以该公司得到了州政府，乃至总理马哈蒂尔（时任）的支持，获得了迅速的发展。

很多新兴国家政府都认为，仅凭一己之力是无法提升本国在数字投资及制造业方面的竞争力的。除了马来西亚，泰国、印度尼西亚等国家的政府也越来越重视数字时代下的产业发展，并积极制定政策、给予支持。

第6章 模式③ 出售网络和体系专有知识

- 马来西亚：工业4WRD
- 泰国：泰国4.0
- 印度尼西亚：印度尼西亚工业4.0
- 新加坡：智慧国政策
- 印度：印度制造政策

日本企业可以充分利用这些政策红利，通过产官学三方合作，在这些国家发展工业之外的领域。例如，上文中提到的电装在泰国的LASI项目，就实现了包括泰国政府在内的产官学三方合作，并被确立为国家政策核心项目，得到了政府的有力支持。

走在行业前端的德国和中国

若能将企业间的数据链接定位为一项产业政策，例如，连接时使用的传感器和平台若获得国家补贴，那就会从一个公司的单打独斗，转变为可以获取更多该国企业数据的方式，这对数字体系的构建是十分有利的。同时，当地政府也会向日本企业提出创建相关举措的期望。

在制造行业中，德国和中国已经成功借助产官学的三方合作，确立了在新兴国家市场中的主导地位。

例如，为了评价企业是否满足工业4.0的要求，新加坡经济发展局（EDB）设立了智能工业指数（SIRI），该指标现已成为包括亚洲在内的全球各国企业使用的评价、咨询指标。由德国国家工程院制定的"工业4.0成熟度指数（Maturity Index）"

也是一个非常具有代表性的案例，该指标的建立得到了西门子、SAP 和标准化组织 TUV 等企业和机构的大力协助。

中国借助利用了本国数字技术开发的智能城市以及工业数字化方面的高层外交，不断提升其在工业领域的影响力。

图表37● 新兴国家中的日本——新兴国家制造平台构想

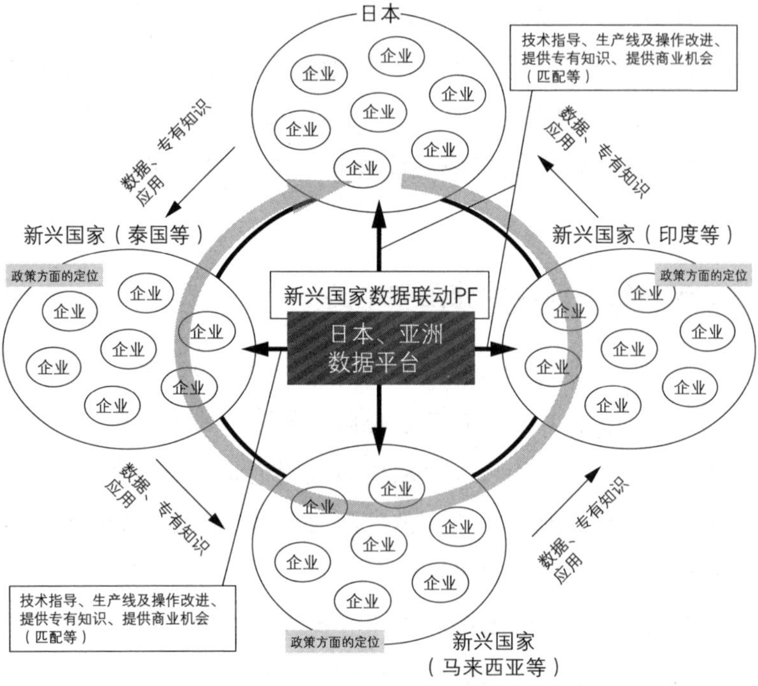

在东南亚等地的新兴国家的制造领域，日本企业迄今为止通过有形的零件采购、供应，已经帮助许多当地供应商提升了实力。同时，在当地工厂培养了许多优秀的人才、提升了技术

142

第 6 章 模式③ 出售网络和体系专有知识

能力。可随着数字化技术的不断发展，日本企业在对新兴国家产业的支援方面，已经大大落后于德国和中国的企业了。日本在产官学的政策制定，也就是"制定游戏规则"方面已经落后于他人，许多私营企业也在能够发挥技术力及竞争力的初步阶段失去了优势。若不加快脚步，日本制造业可能很快就将失去在亚洲市场的影响力。

我希望日本企业能从现在主要依靠当地制造及人才的方法，升级为适应数字时代发展的新方法，通过对数据及专有知识的共享，与新兴国家企业展开合作并积累数据，从而制定出具有竞争力的商业计划。

9　德国·国际数据空间

在数据合作平台方面，欧洲国家正在不断加强跨公司、跨行业的数据共享，从而创造出新的附加价值和竞争力。例如由德国弗劳恩霍夫研究所（欧洲最大的应用科学研究机构）牵头建立的国际数据空间（IDS），以及由德国、法国及欧盟牵头建立的IDS，就经过通力协作打造出了"Gaia-x"。

在前一个IDS中，除了弗劳恩霍夫研究所之外，还有包括奥迪/戴姆勒/博世（汽车相关企业）、德国电信（通信企业）、拜耳（化工企业）、德意志银行/安联（金融机构）、德国铁路（铁路企业）、SAP/谷歌/微软（IT企业）、西门子（企业集团）等在内的120多家公司共同参与了这个项目，可以说基本覆盖了这个行业内的所有公司。

实际上，制造共享平台和供应链综合信息平台的成功企业案例已经有数十个。尤其是受新冠疫情的影响，出现紧急情况后的供应链复原力成了人们十分关注的问题，所以生产计划、生产状况等公司内部数据的分享也成为人们积极改进的领域。

众多日本企业中，只有NTT和日立制作所参与了IDS项目。日本国内也成立了多个跨公司的数据共享项目，但都没有十分明显的进展。

第6章 模式③ 出售网络和体系专有知识

主要原因在于，大部分日本企业将所有的数据都视为需要保密的竞争力来源，而没有将其分为以下两类：①作为公司竞争力来源的保密信息；②可以与其他公司分享，从而产生新价值的数据。所以目前应该加快对与其他公司间合作的信息进行区分。

在 IDS 举措中，德国企业也并非从一开始就做得很完美。最初，它们分享的都是一些诸如制造企业的生产资料使用信息，以及供应商的库存信息等对业务影响不大的非敏感类信息。在积累了成功的经验后，才开始逐渐降低共享数据的门槛。

希望日本企业也能重视跨企业数据链接的区分，并迅速行动起来。

第 7 章

模式④
出售工程、现场专有知识和技术

第7章 模式④ 出售工程、现场专有知识和技术

1 "资深操作员IoT"的出现

"现场能力"究竟是什么

在这一章中,我将着重对基于工程、现场专有知识和技术的制造平台进行说明。日本制造业向来在"现场能力"方面具有很强的优势。日本经济产业省的《制造平台白皮书》(2018)中对现场能力做出了以下定义:

【现场能力定义】基于"暗默知识"和"工匠精神"发现问题,并通过跨公司、跨部门的"合作、协作","找到"问题"解决方法"的能力。

每每发生自然灾害或不可预见的问题时,日本制造业的现场能力总能吸引人们的目光。大概是由于所有现场员工都能自发地思考应对方法,并积极采取行动来减少损失、恢复生产吧。同样,在每日生产工作中,每一位现场员工都能为了不断提升生产力和品质而自觉、自律地改进生产线和生产操作,并形成一种自下而上的工作氛围,这其实也是"现场能力"的一种体现。

以日式生产现场为代表的TPM(Total Productive Maintenance)已经形成了一种体系,并得到了全世界的好评。所谓

图表38 ● 基于工程、现场专有知识的制造平台

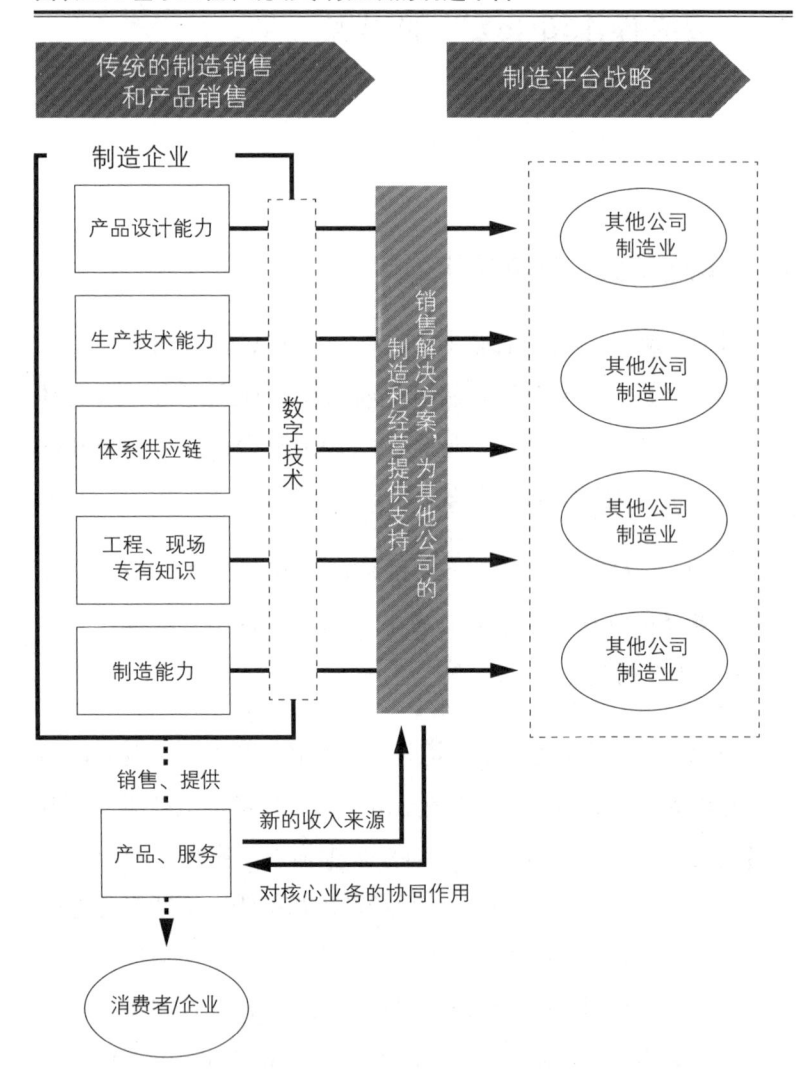

```
┌──────────────────┐                    ┌──────────────┐
│ 传统的制造销售    │                    │ 制造平台战略  │
│ 和产品销售        │                    │              │
└──────────────────┘                    └──────────────┘
```

制造企业

- 产品设计能力
- 生产技术能力
- 体系供应链
- 工程、现场专有知识
- 制造能力

数字技术

销售解决方案，制造和经营的为其他公司提供支持

其他公司制造业
其他公司制造业
其他公司制造业
其他公司制造业

销售、提供 → 产品、服务 → 消费者/企业

新的收入来源
对核心业务的协同作用

150

第7章 模式④ 出售工程、现场专有知识和技术

TPM，就是让所有企业员工都参与到生产和维护的工作中。

"丰田生产方式"一直被认为是优秀现场能力的代表。起源于丰田汽车的这一生产方式，如今已成为世界各大企业的研究对象，并被许多制造企业导入。

丰田生产方式的两大支柱

我们来简单地回顾一下丰田生产方式。对于丰田生产方式，社会上一直存在着多个定义方式，在此以丰田汽车主页上的说明为准。丰田生产方式是基于以下两大支柱形成的。

【准时化】各工程只会出现生产所需的东西，保证生产通顺不停滞。

【自动化】发生异常时，机器会立即停止工作，以免生产出不良品。

基于这两大支柱，丰田在生产现场不断地大力推进改善活动，从而大大提升了生产力和品质。ANDON（安灯）（出现异常时会立刻通知相关人员的电子显示板）、看板（提示所需零件和所需用量的工具，会指示后工程前往前工程接收零件的时间及数量）等新事物不断从现场诞生。

通过这些努力，日本企业积累了许多依附于生产现场的资深技术人员，即"人"身上的技术和专有知识。然而，随着这些资深技术人员的衰老和退休，技能传承成了一个亟待解决的新问题。

如上所述，制造业的数字化形势如今正是一片大好，不仅成功实现了产品设计、生产线设计的 3D 化，还借助 IoT 实现了设备管理的数字化。例如我们可以利用传感器读取振动、电流和操作状况的数据，从而对生产设备的运行情况进行监测、管理和分析。

即便如此，资深技术人员等"人"的操作也依旧难以被数字化和数值化，且无显著进展。对人的动作和操作进行分析，需要同时使用多个传感器，还需要对大量的图像和视频进行分析。而且还要分门别类地制定出标准和阈值，以说明哪种类型的操作能带来更佳的生产力和品质。

由此可见，包括资深技术人员在内的"人"的动作一直都是数字化领域中的"难点"。我想将这个领域称为"资深操作员 IoT"。可以说，资深操作员 IoT 一直是一块未被数字化的空白领域，同时也是日本制造企业利用自身优势寻求发展的一个机会。若能静下心来，将各工程、现场技术以及专有知识都付诸数字化，就很有可能将其转化为具有强大竞争力的服务。

基础技术正在逐渐完善

随着 5G 技术的不断发展，我们如今已经具备对大容量图像及视频分析的能力，同时，传感器价格的不断下降也缓解了我们在人员动作分析方面的技术和成本压力。此外，索尼的智能视觉传感器等搭载 AI 的传感器的面世，让我们可以在 edge 端先对图像信息进行预处理后再传入云端，从而大大降低了数据量。

第7章 模式④ 出售工程、现场专有知识和技术

这些基础技术正在不断被完善。

例如，空调制造商大金正与日立制作所开展合作，对零件焊接方法中的钎焊工程中资深操作员的操作过程进行了标准化。这个工程的技术含金量很高，需要充分考虑钎焊材料的温度、操作者的视线和姿势、操作者手握焊枪和送丝时左右手的动作，以及钎焊角度和时间等因素。在对资深操作员进行标准化的时候，需要使用多种相机、惯性传感器等仪器，通过传感和图像解析手段进行测定和定量评估。

图表39 应视为日本优势的由制造现场开始的数字化

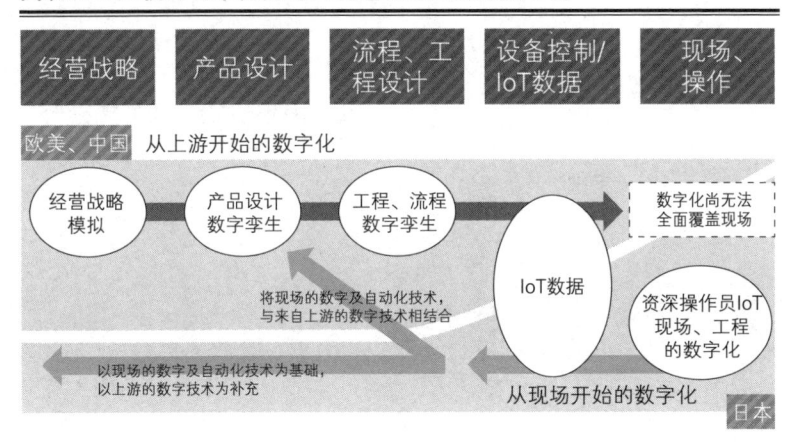

经营战略	产品设计	流程、工程设计	设备控制/IoT数据	现场、操作

欧美、中国：从上游开始的数字化

经营战略模拟 → 产品设计数字孪生 → 工程、流程数字孪生 → IoT数据 → 数字化尚无法全面覆盖现场

将现场的数字及自动化技术，与来自上游的数字技术相结合

以现场的数字及自动化技术为基础，以上游的数字技术为补充

资深操作员IoT现场、工程的数字化

从现场开始的数字化（日本）

如此一来，就可以建立起一个针对非资深操作员的评价和改善反馈机制，不仅可以有效推进工程的全球化，还可以提升品质的稳定性。为日本企业提供核心竞争力的卓越技术和专有知识，散落在生产现场的每个工程中。借助数字化技术就可以实现内部技能的传承、专有知识在全球范围内的有效转移，以

及品质的一致化。除此之外，还可以推动在全球范围内的销售和解决方案相关业务。

　　武藏精密工业开发的 Musashi AI 便是一个很好的例子，这是该公司基于工程及现场的卓越技术和专有知识开发出的制造平台。接下来，我将详细介绍。

2　武藏精密工业的 AI 解决方案

着眼于"运输、检查"

武藏精密工业成立于 1938 年,是一家汽车零部件制造商,主要产品为将发动机转速转换为驾驶用转速的传动齿轮。2019 年,武藏精密工业与以色列的 AI 企业 SixAI 共同出资成立了 Musashi AI,负责销售基于 AI 技术的解决方案。

该公司着眼于通过对加工工程的比较,找出各公司间共通之处的运输和检查工程,并开发了 AI 解决方案和自动化设备。该公司将制造过程分为三大类,并对涉及的人员比例做出如下定义。

- 运输(员工占比 20%)
- 加工(员工占比 60%)
- 检查(员工占比 20%)

通过分析,该公司计算出运输和检查工程的内部员工占比均为 20%,合计占比 40%,且为最有希望借助外部技术实现的工程。若能实现这两大部分的自动化,那么不仅可以提升内部的实力,还能作为商品销售给其他制造企业。目前,该公司在

图表40 ● **武藏精密工业制造平台的发展**

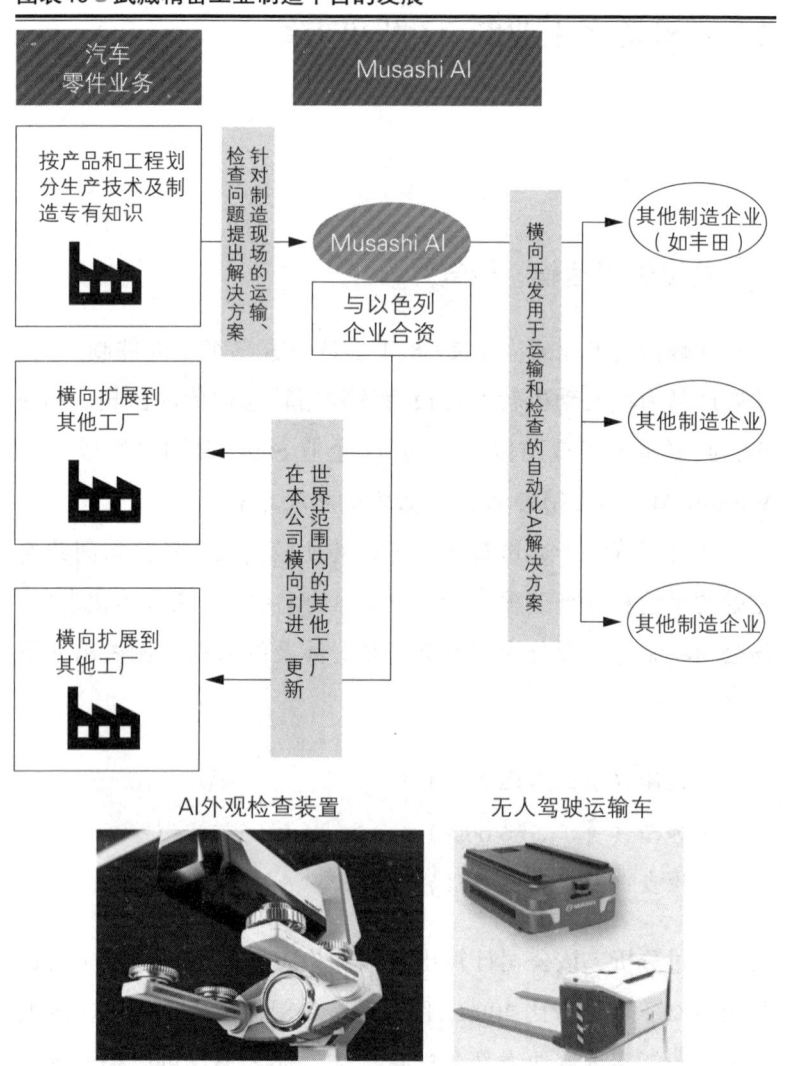

```
汽车零件业务                    Musashi AI

按产品和工程划    针对制造现场
分生产技术及制    的运输、检查
造专有知识        问题提出解决
                 方案、              Musashi AI           横向开发用于运输和检查的自动化AI解决方案    其他制造企业（如丰田）

                                    与以色列
                                    企业合资                                                    其他制造企业

横向扩展到
其他工厂          世界范围内的其他工厂
                 在本公司横向引进、更新                                                         其他制造企业

横向扩展到
其他工厂
```

AI外观检查装置　　　　　无人驾驶运输车

156

第7章 模式④ 出售工程、现场专有知识和技术

开发可以实现运输自动化的无人搬运车及 AI 外观检查装置等，并成功获得了丰田汽车等外部企业的订单，且发展势头良好。

应对可销售技术进行"区分"

在开展这项业务的过程中，该公司主要着眼于以下两点：①武藏精密工业作为用户时，需要改善的问题和领域；②作为外部解决方案服务商时，应如何与以色列公司开展合作。

首先是第一点，作为一家制造企业，在反复改进日常操作的过程中一定会遇到一些问题，这可以说是其优势所在。这些问题便是制造企业的核心需求，若能开发出可以解决这些问题的设备和服务，就定能得到市场的认可。

不仅如此，该公司的生产工厂可谓遍布世界各国，这就为解决方案的验证和改进提供了有利条件。

其次是第二点，也就是与以色列公司开展合作也是发展 Musashi AI 的先决条件之一。想要做好这一点，就需要得到最高管理层的支持。武藏精密工业的大塚社长对于这一合作给予了极大的支持，号召全公司上下都要理解并支持公司向包括竞争对手在内的其他公司出售基于专有知识的解决方案这一举措。

虽然对日本企业来说，把自己的专有知识出售给具有一定经验的同行，能最大限度地提高竞争力和附加值，但这种为竞争对手提供支援的做法也往往会受到管理层的阻挠。许多情况下，这些日本企业并不能很好地区分哪些是不能外传的机密，哪些属于可以对外销售的非竞争领域，只是盲目地拒绝了这个

做法。

对日本企业来说，想要在内部讨论时顺利通过基于专有知识的解决方案的销售策略，就要先明确区分哪些是竞争性领域，哪些是非竞争性领域。

第7章 模式④ 出售工程、现场专有知识和技术

3 出售工程及现场能力的先进日本企业

充分利用大平台

拥有这方面优势,且已经将其作为商品销售的日本企业远不止武藏精密工业这一家。许多企业都开始基于内部改善成果及工程开发解决方案。三松及LIGHTz已经成功地将它们的专有知识转化为应用程序,并借助现有的大平台成功地推向全世界。如需了解更多信息,可以参考拙著《日式平台业务》。

·日立制作所:基于内部制造业务中形成的数字化机制,开发了IoT平台Lumada。

·大金:对外销售用于内部制造的IT系统,并开发出用于管理品质等信息的系统Spacefinder。

·Kewpie:基于食品原料检测方面的专有知识开发出AI检测仪,并面向包括竞争对手在内的全行业销售。

·旭铁工:将内部的机制作为商品销售,并通过其子公司i-Smart Technology来销售iXacs(一种制造IoT解决方案)。现已成功开拓了日本、泰国等市场。

·三松:通过CAD平台服务商Autodesk和达索来销售内部

开发的 3D 设备模拟器"Smash"。

·LIGHTz：对关联公司，即模具制造商 IBUKI 内部资深技术人员的专有知识进行数字化，并形成一个名为"xBrains"的模具管理 IoT 应用程序，通过西门子的 IoT 平台"MindSphere"进行交易。

未来，日本企业在基于自身工程及现场卓越技能开发制造平台时，还应着眼于暗默技术和专有知识的标准化及体系化。可以参考的解决方案包括：①实时反馈解决方案（欧姆龙、富士通、三菱电机）；②卓越技能传承机器人的远程操作解决方案（川崎重工业）。

实现人员操作的数字化：欧姆龙、富士通、三菱电机

首先，我想先说说关于对资深技术人员的操作进行分析并形成标准化的相关解决方案。

欧姆龙联合 NTTDoCoMo 以及诺基亚集团开展了一项名为"实时指导"的活动，将操作人员的操作步骤及路线拍成视频资料，并使用 AI 进行分析，找出他们与资深操作员之间的差异后进行反馈。这需要将无数个传感器同时接入网络，并迅速反馈 AI 的处理结果，这就要依靠 5G 技术特有的高容量和高速度特性。

富士通正在构建一个系统，利用监测操作员骨骼运动的专有技术，结合网络摄像头拍摄的图像 AI 诊断结果进行分析后，就能发现操作员的操作是否有异常或遗漏，并立即发出警报。

该公司计划使用 4K/8K 的高清摄像机，以毫米为单位，对目视情况下无法识别的资深操作员的动作差异进行精密监测，

第 7 章　模式④　出售工程、现场专有知识和技术

并借助 5G 的时代浪潮打开市场。三菱电机也凭借其自行开发的 AI 技术"Maisart"来研发操作分析解决方案，可以从摄像机图像中提取和分析人体骨骼信息，对特定的动作进行自动检测。

图表41● 针对欧姆龙、富士通、三菱电机资深操作员的操作进行分析的IoT举措

欧姆龙
"实时指导"

引自：欧姆龙资料

富士通
"骨骼分析"

引自：富士通资料

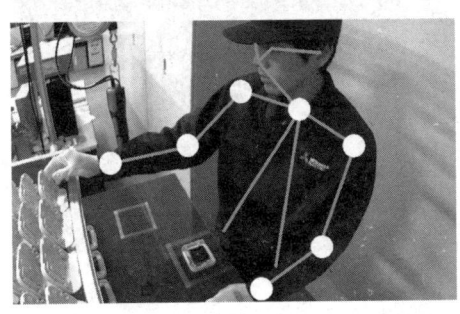

三菱电机
"使用Maisart对动作进行分析"

引自：三菱电机资料

传承卓越技能的机器人远程操作解决方案：川崎重工业

接下来，我想谈谈利用机器人远程操作技术，实现资深操作者步骤的标准化的解决方案。

在实现卓越技能的机器人化方面，自动化并不总是最佳的技术或成本解决方案，远程操作的方式也正逐步进入人们的视野。建筑领域的建筑机械，以及医疗领域的手术机器人等机器人的远程操作方案早已被人们提出，实际上远程操作和为其提供辅助的 5G 技术，也同样能推动制造工厂的发展。

例如，川崎重工业就提出了一个名为"Successor 系列"的远程合作系统，可以在诸如研磨、涂装等 3K（严苛、肮脏、危险）工作环境中难以完全实现自动化的生产工程中使用该技术，让资深操作员来远程操控机器人工作，并让机器人学习他们的动作，从而将卓越技能传承给机器人，最终实现自动化。

图表42 ● 川崎重工业 机器人远程操作解决方案（Successor）

引自：川崎重工业资料

第7章 模式④ 出售工程、现场专有知识和技术

该公司目前计划在附近的房间中进行近距离操作，但随着资深操作员数量的短缺和数字化的不断发展，未来很有可能需要转为远程操作的方式，就必然需要借助 5G 技术的力量了。该公司已经开始了在播磨工厂内使用本地 5G 技术进行远程操作的测试，并计划在未来将其应用于远程工厂和施工现场的远程操作。

利用上述解决方案，实现内部卓越技能工程的标准化，并将其转化为远程操作商品包来对外销售，这是制造企业的一项重要战略。

4 广受各行业和世界各地喜爱的资深操作员 IoT 需求

老龄化所导致的资深技术人员退休、技能传承脱节问题,以及工作方式改革所导致的现场人力短缺问题,新冠疫情导致的我们不得不减少身体上的接触……解决现场卓越专有知识的传承并使之标准化,已经成为制造行业迫在眉睫的需求了。

接下来我将分别介绍各主要行业对资深操作员 IoT 的需求,以及面临的问题。以汽车、电机和机械为代表的离散型产业(装配业),和以化工、石油、钢铁为代表的流程型产业(制造业),在生产线特点及面临的问题方面各有不同,因此我会分类说明。

离散型产业(装配业)面临的问题

后文中也会提到流程型产业(石油、天然气、化工、钢铁等),这个领域大都依靠 DCS(Distributed Control System)来统合管理工艺流程,无须投入太多人力。与之相比,离散型产业的各个工程,以及运输、下料管理等材料处理工序都是被细分化的,尽管机器人和自动化的脚步正在加快,但依旧有许多工程都需要"人"来操作。

特别是材料处理工程,与加工过程相比,它们能获得的投

第7章　模式④　出售工程、现场专有知识和技术

资预算往往十分有限，而且一般不会得到自动化专业研究团队的青睐。此外，丰田生产方式中设置了一个"投料员"的工种，投料员会在各个工程中往返，负责运输和投料工作，因此在各工程中，自动化带来的劳动力节约效果也是非常有限的。

出于这些原因，分配到材料处理工程的投资额向来不高。正因为如此，在改善材料处理工程中的人手不足问题，以及实现如大量客制化、多种类少量生产等柔性生产方面，都可以借助操作员IoT来释放人力，所以这方面具有很大的投资空间。

在许多情况下，各工程中也隐藏着很多现场方面的专有知识，例如在多种类少量生产中如何更改设置，在难以使用机器人操作的工程中如何进行焊接操作。操作人员基于暗默知识的"精湛"技艺，以及团队内部"暗地里传授"的技艺，依旧还是生产现场的主要形式。

为了推进技术传承和标准化，我们应该根据这些行业特性及工程特点来分析资深操作员IoT应有的形态，并开发出可以对外销售的制造平台。

流程型产业（制造业）面临的问题

在流程型产业中，每个行业的制造特性及工程自动化程度均有所不同。例如，在钢铁、化工和石油等行业，许多工程已经做到了高度自动化，所以无须在现场配备操作员，这是出于确保操作员安全的目的。

这些行业在出现紧急情况或事故等无法依靠正常流程解决

的问题时，就需要依靠资深技术人员来进行修复了。所以对这些行业而言，除了操作方法外，更需要将资深技术人员的紧急处理技术整理成数据形式。

在食品、药品等以多种类少量生产方式为主的行业中，基于对工作效率的考虑，投料、温度调节等工作还是需要由操作员而非机器进行，所以仍有许多工程尚未实现自动化。

可见，这两者都面临同一个问题，那就是如何将资深技术人员基于多年工作经验和直觉形成的"微妙判断"整理成直观的数据，并推动技能的传承。若能将这些技能提前数字化，并形成资深操作员 IoT，定会是很有竞争力的解决方案。

5 集日本所有优势于一身的资深操作员 IoT 平台

基于上述分析不难看出，许多行业、国家和地区都迫切需要将现场和工程中的卓越技能数字化。上文也曾提到，在制造业的数字化领域，以 DAPSA 为首的 PLM、工厂模拟器平台服务商正在全球范围内迅速崛起，以设备为主的 IoT 平台无疑正是一片红海。正如德国西门子的 MindSphere、美国 PTC 的 Thingworx，以及发那科的 FIELD system，如今许多企业都在积极开发以设备管理为中心的 IoT 平台。

尽管如此，现场和工程中卓越技能的数字化进程依旧停滞不前。日本如果能将企业优势——隐藏在各现场、各工程中的专有知识——IoT 化，并建立富有竞争力的平台，定会在世界范围内崛起。

每个行业的工程范围都不一样，没有一家公司可以仅凭一己之力覆盖所有领域。因此，擅长运输工程的企业、擅长树脂成型的企业、擅长金属加工的企业、擅长装配工程的企业以及擅长检验工程的企业等应携手合作。只有通力合作、各显神通，才能开发出集日本所有优势于一身的资深操作员 IoT 平台。

除了①在相应工程拥有技术和专有知识的企业外，还必须联合②可以实时反馈、为远程操控机器人传承解决方案的工程、

图表43 ● 集日本所有优势于一身的资深操作员IoT平台开发潜力

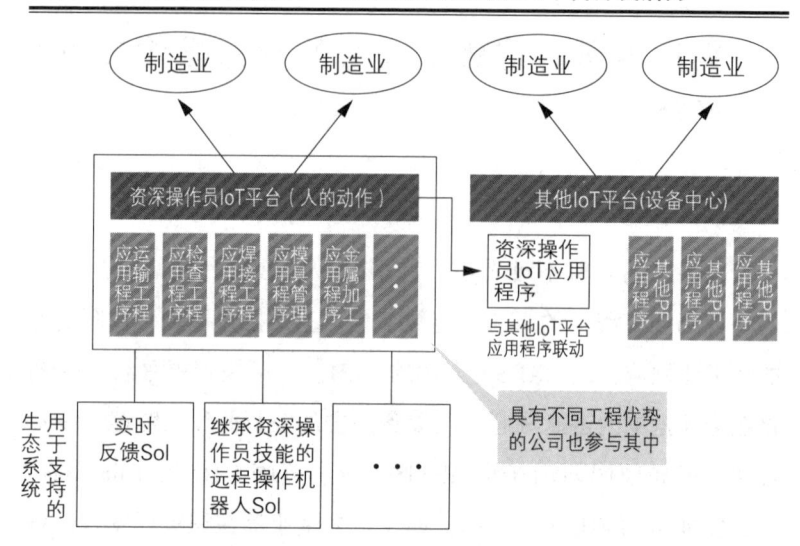

```
    制造业        制造业          制造业        制造业
      ↑            ↑              ↑            ↑
┌─────────────────────────────┐  ┌──────────────────────┐
│ 资深操作员IoT平台（人的动作） │  │ 其他IoT平台(设备中心)  │
│ ┌──┬──┬──┬──┬──┐           │  │ ┌──┐  ┌──┐ ┌──┐ ┌──┐│
│ │应│应│应│应│应│           │  │ │资深操作│ │其│ │其│ │其││
│ │用│用│用│用│用│   ...     │  │ │员IoT应 │ │他│ │他│ │他││
│ │输│检│焊│模│金│           │  │ │用程序  │ │PF│ │PF│ │PF││
│ │程│查│接│具│属│           │  │ └────────┘ │应│ │应│ │应││
│ │工│工│工│管│加│           │  │            │用│ │用│ │用││
│ │程│程│程│理│工│           │  │ 与其他IoT平台│程│ │程│ │程││
│ └──┴──┴──┴──┴──┘           │  │ 应用程序联动 │序│ │序│ │序││
└─────────────────────────────┘  └──────────────────────┘
用于  ┌────┐  ┌──────┐  ┌──┐        ┌─────────────┐
支持的 │实时│  │继承资深│ │..│        │具有不同工程优势│
生态  │反馈 │  │操作员技│ │  │        │的公司也参与其中│
系统  │Sol │  │能的远程│ │  │        └─────────────┘
      └────┘  │操作机器│ └──┘
              │人Sol   │
              └────────┘
```

使现场专有知识和技术标准化的企业，以及与③机器人、搬运机等设备、软件企业共同开发。

在将资深操作员 IoT 平台作为一种解决方案出售给客户的同时，还可以采用连接客户内部设备 IoT 平台的方式，这也是一个很好的做法。许多国际大厂内部的 IoT 平台上虽然有着十分完善的设备管理应用程序，但在人员和资深操作人员的解决方案方面仍是一片空白，所以存在很大的合作空间。

若能将这些由实力雄厚的外部公司开发出的应用程序搭载在 IoT 平台，从而持续优化资深操作员 IoT 平台，想必在不久的将来，这一平台定能得到全世界的认可。

第 8 章

模式⑤
出售制造能力

第 8 章　模式⑤　出售制造能力

1　如日中天的 EMS、ODM 的重要性

本章中，我想谈谈如何利用制造能力来支持其他公司的制造工作。在出售制造能力的商业模式中，承接电子设备企业制造委托的 EMS（Electronics Manufacturing Service）一直都是被比较的对象。

说到 EMS，就不得不提承接 iPhone、任天堂 Wii 等产品制造业务，并收购了夏普中国台湾分公司的鸿海精密工业。自 20 世纪 80 年代以来，EMS 便以硅谷为中心不断扩大业务领域，承接了包括 IBM、HP 等相关 PC 企业的制造委托，并通过收购制造商制造部门等方式取得了发展。

日本也有过相同的情况，索尼等电子公司就曾将制造业务出售、委托给 EMS 企业。今天，以富士康为代表的中国台湾企业、总部位于新加坡的 Flex，以及总部位于北美的捷普和新美亚等企业也都在强势开展全球布局。

过去的做法是将生产工厂设在新兴国家，或是从多个制造商客户处获得同一产品的订单，通过规模经济降低制造成本，并借此实现发展。但如今，这一作用和职能已经发生了很大的变化。

在对应多个行业及企业的制造需求的过程中，应积累属于

图表44 ● 基于制造能力的制造平台开发

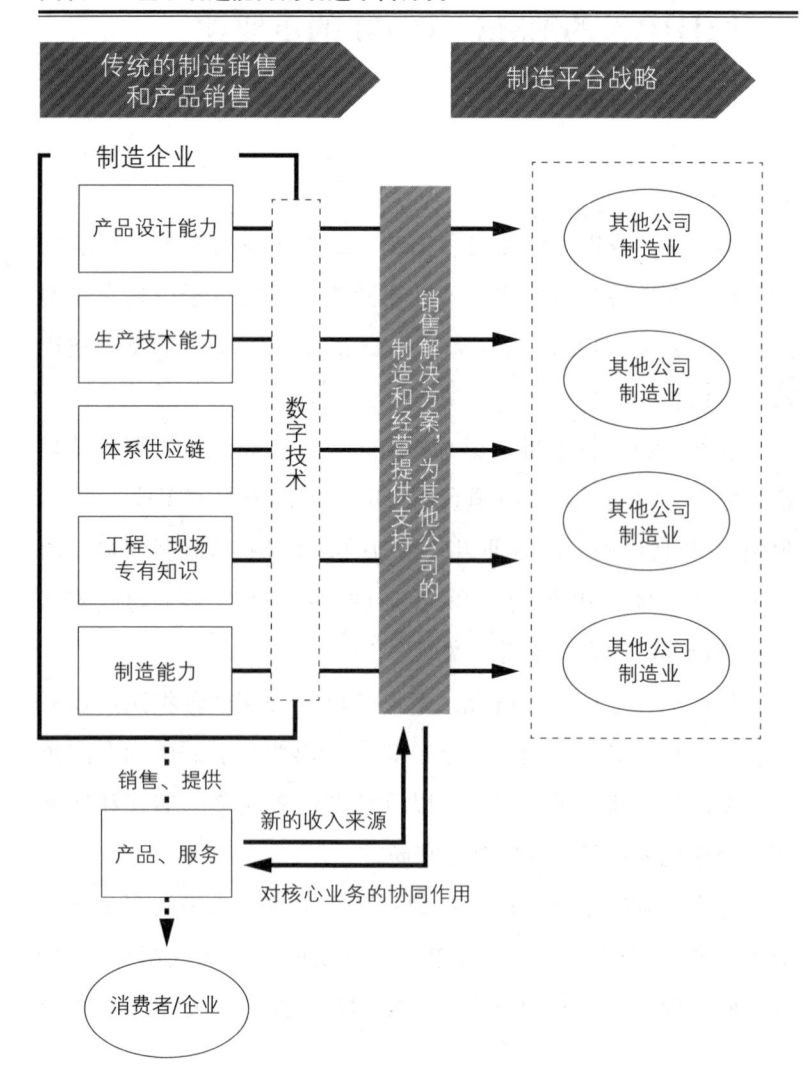

172

第 8 章 模式⑤ 出售制造能力

自己的专有知识，提升内部研发中心的竞争力和产品开发能力，研发出更先进的生产技术和生产线，并不断延伸功能，自客户的产品设计和开发阶段就开始共同参与其中。例如，曾经只与汽车制造商联合开发、供应零件的一级零部件制造商，如今已经具备了足以与国际级 EMS 企业竞争的实力。

此外，也由此诞生了许多没有制造工厂，单纯凭借优秀创意及构想进军制造市场的公司，这当然离不开 EMS 和 ODM（产品设计、开发+制造受托企业）的支持。随着制造业横向分工的不断发展，EMS 和 ODM 的地位也越发坚不可摧。

虽然日本企业在许多国家和地区都建立了制造工厂，但也未必就要全部为自己所用。这些制造工厂正在逐渐转变为独立的组织，并具备了与外部 EMS 竞争的实力。

制造组织和企业不能只将眼光放在内部的制造业务上，应努力改变为向其他公司提供制造能力的经营模式，从而提升竞争力、扩大收入来源。不仅如此，还可以从外部客户处获得反馈，反向推动自身核心业务的发展。

但是，如果日本的制造企业想要通过开发基于自身制造能力的"制造平台"来与其他全球顶尖的 EMS 企业正面交锋，那么至少在成本方面，是毫无胜算的。所以一定要重视多年积累下来的技术和专有知识。在此，我将 VAIO 的 EMS 发展模式作为一个代表性案例进行介绍。

2 VAIO 的 EMS 服务

2014 年,索尼将个人笔记本电脑品牌 VAIO 出售给了投资基金 JIP（Japan Industrial Partners）。除了基于索尼时代的卓越制造技术继续生产笔记本产品外,该公司还将经营范围延伸到了 EMS 领域,为其他公司的制造业务提供支援。

该公司的 EMS 业务覆盖了企划—设计—试作—采购—安装—制造—品质保证—出货—市场推广—销售—售后的整个流程,能够为制造公司提供全方位支持。此外,在一直以来都具有领先优势的机器人制造支援领域,该公司更是力求精益求精,将机器人制造中所需的硬件、软件及 AI 等技术做成产品包,不断提升其作为 EMS 服务商的实力,为希望进入机器人行业的公司提供更好的支持。

得益于索尼时代的"Aibo"生产经验,VAIO 已经获得了包括丰田汽车、富士软件、万代等公司在内的制造委托订单。借助 EMS 业务,VAIO 利用自身的优势,为许多制造企业提供了支援,并且基于客户需求不断改进、不断推进标准化,从而具备了机器人领域的尖端技术实力,可以说是兼顾了"深度"和"广度"的双向发展,这一点非常值得我们注意。

第8章 模式⑤ 出售制造能力

图表45●VAIO的制造平台（EMS业务）

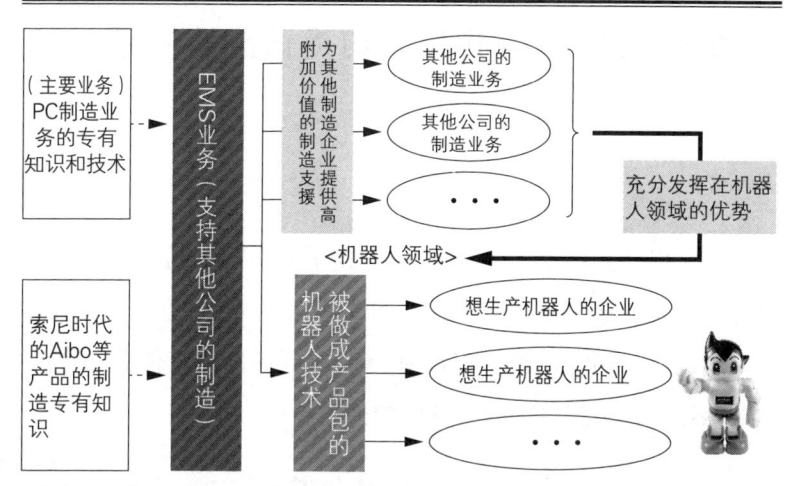

```
                              ┌─ 其他公司的
                              │   制造业务
（主要业务）    EMS      为其  │
PC制造业    业务    附他制造  ├─ 其他公司的         ──┐
务的专有    （    加造企业提  │   制造业务            │  充分发挥在机器
知识和技术  支    价业提高制  │                       ├─ 人领域的优势
            持    值造支援    └─  ・・・           ──┘
            其他
            公司                <机器人领域>
            的
索尼时代    制    机          ┌─ 想生产机器人的企业
的Aibo等    造    器被        │
产品的制    ）    人做        ├─ 想生产机器人的企业
造专有知          技成        │
识                术产        └─  ・・・
                  品
                  包
                  的
```

图为由VAIO提供技术支持的讲谈社的通信机器人ATOM

175

3　如何实现"为其他公司提供制造支援"的转型

上文提到，VAIO 已经成功地实现了从内部产品制造部门向对外提供制造能力的"制造平台"的转变。从中我们可以归纳出几个论点，同时也是在将内部制造平台提供给其他公司使用时的共通点，希望可以成为各位的参考。

①为客户提出"可视化"建议并协调

通过内部沟通，可以让制造商的内部生产组织与其他部门都能很好地理解产品的要求规格、品质、生产技术及能力，并达成共识，这就是企业内部的"默契配合"。但与外部客户打交道时，不存在这种默契，所以一定要保证所有的建议和协调内容都很明确，不会使人产生误解。

基于客户提供的图面和构想，针对使用什么样的生产线，能够将生产力和生产成本控制到什么水平提出见解。或者针对客户的设计图面阐述建议的时候，应以"可视化"的形式表达出来，再一同讨论。这种情况下可以借助数字孪生技术（CAE、生产模拟器等），以可见的 3D 形式来展示。包括 3D 技术在内的数字技术，一定会成为推进"制造平台"业务过程中与客户和合作伙伴之间顺畅沟通的基础保证。

②客户预算与提供的品质和服务之间的平衡点

一直以来，日本的企业都专注于通过改进技术，将生产力和品质水平提升到最高点。所以想要改变经营模式，就要先改变思维方式。在向外部客户提供服务时，应先明确对方的"预算"，而不能仅关注技术和品质问题。想要做到这一点，就必须基于客户的预算来确定需要"坚持"和需要"削减"的部分。

对于在技术方面从不妥协的日本企业工程师而言，实在难以判断哪些该被"削减"。但是，如果不这么做，客户很可能就会出现预算超支的问题。

在对接客户需求的过程中，VAIO制作了一张品质标准与费用的对照表。这样一来，就可以基于客户的大致预算迅速给出建议。想要实现这一点，就必须做到技术的标准化。

③生产技术和操作的彻底标准化

当企业不仅生产内部产品，还要为其他公司的多种产品提供生产支持时，就需要保证生产线足够灵活，以轻松应对客户的各种要求。如果为了满足客户要求而重新设计、建造生产线，就会让企业失去成本方面的竞争力。

因此，VAIO针对生产线的各个主要技术进行了标准化，并根据产品特性来选择最佳技术模块组合，从而大大提升了生产线的建设速度。这不仅提升了EMS业务的竞争力，同时也提高了自身核心业务，即PC部门的生产线建设效率和生产力。

可见，在为其他公司提供制造服务的过程中，不断完善操作，提升竞争力，也能同时推动自身核心制造业务的进步。

从 VAIO 看"敢对设计说不的制造部门"的优势

VAIO 之所以能成为优秀的 EMS 企业，离不开日本制造业的传统优势。一直以来，从设计阶段开始，日本企业的生产技术部门和生产现场就会基于生产技术、生产力的角度，向设计部门提出自己的见解。这在日本被称为"大部屋活动"①"Waigaya"②。这种跨组织的讨论和协调，大大推动了日本制造业的进步。

欧美制造业大多是由设计部门指定一个基本框架，生产技术部门和生产现场只需在这个框架内进行生产线的设计和建立。日本的制造企业则不同，可以说是"敢对设计说不的生产技术及制造部门"。这也正是日本企业的优势所在，只有沿着这条道路开发基于自身生产能力的制造平台，才能将产品不断销往新兴国家等市场，最终发展成大型的 EMS 专业公司。

EMS 企业在价格竞争力方面有着压倒性的优势，很大一部分原因在于它们在新兴国家工厂得到的生产成本优势以及巨大的订单量。既然不能采取价格战策略，那么就只能依靠完全站在客户的角度，提供最适合客户的经营和产品优化方案来一决胜负。不仅要基于客户的要求来提供制造服务，还要站在客户

---

① 意为大家坐在大房间内讨论。
② 意为畅所欲言。

第 8 章　模式⑤　出售制造能力

的立场，基于它们的经营理念，从上游设计阶段开始提出建议和意见，不断为它们的事业发展提供帮助。

图表 46 是针对 VAIO EMS 业务的说明。基于后工程中生产技术、制造专有知识和观点，从设计阶段开始为客户提供咨询服务等支持。例如"如果采用这种产品设计，不仅会增加售后的难度，还会增加成本"或"量产后，这种零件的加工成本会很高，所以建议用另外一种零件来替代"，等等。这种态度十分可贵，并已经发展成一种竞争优势。

图表46● VAIO EMS业务的特点

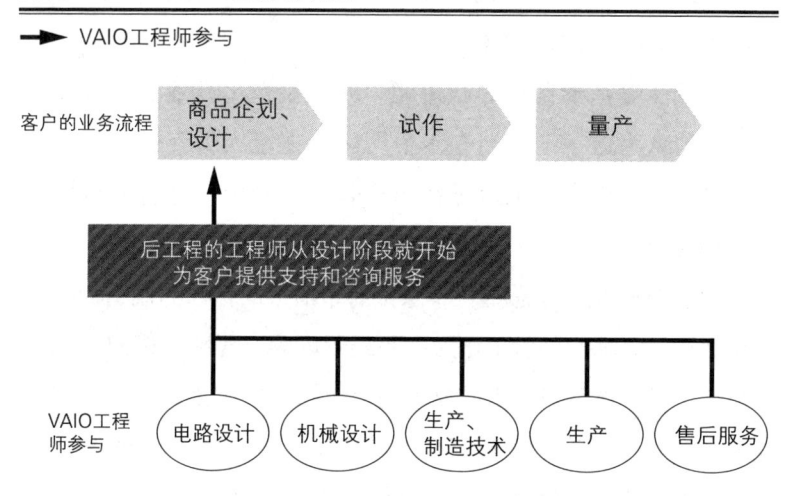

→ VAIO工程师参与

客户的业务流程：商品企划、设计 → 试作 → 量产

后工程的工程师从设计阶段就开始为客户提供支持和咨询服务

VAIO工程师参与：电路设计、机械设计、生产、制造技术、生产、售后服务

4 一些中型公司中的成功案例

基于制造能力开发的制造平台案例中，VAIO 的母公司索尼就利用自己的制造能力和技术对外提供"制造服务"，为其他制造企业提供设计提案，内容涵盖包括开发、设计、量产在内的全工程。NEC 的业务内容也涵盖了试作支持、开发受托（ODM）和制造受托（EMS）等方面。

说到能够基于自身的制造能力开发制造平台业务，很多人会本能地认为这一定是拥有多个厂区与充足人力资源的大企业吧。事实上，许多员工数量在 100 名左右的中小型企业也已经开始利用自身的优势和制造能力进军制造平台的开发事业了。

HILLTOP 是一家总部位于京都府宇治市的铝产品制造商。在成立之初，以承接分包工作为主要经营内容，对特定客户的依赖性很高，时常被客户提出的成本削减要求困扰。因此，该公司放弃了量产业务，转为经营多种类单品生产业务。不仅投资了 24 小时无人加工自动化设备，还开发了名为"HILLTOP 生产系统"的数字技术并实现了 DX 化（数字化转型），从而推动了业务模式的彻底改革，转为向其他制造商提供可满足迅速交货、多种类单品生产的试作及设备开发支持，大大提升了利润率。

此外，该公司还对外出售"HILLTOP 生产系统"，并成立了

第8章 模式⑤ 出售制造能力

图表47 ● HILLTOP向制造平台的转型

①为其他公司的试作提供支援　②对外销售本公司的生产系统

山本精工时代：对特定客户的依赖、分包结构

HILLTOP
- 自动化设备 24小时无人加工
- 数字技术 HILLTOP生产系统

试作支援 / 对外销售HILLTOP生产系统 → 其他制造企业

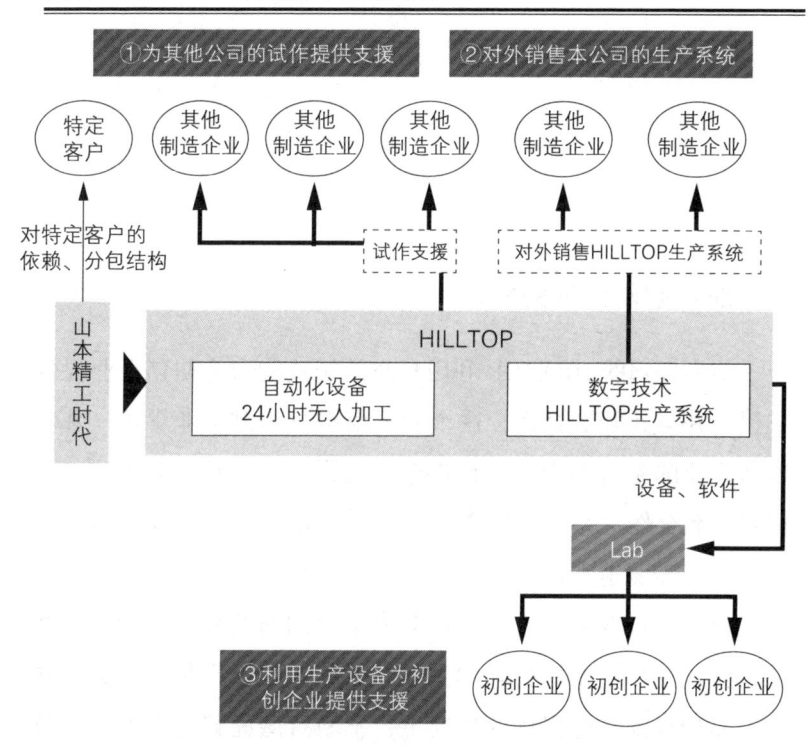

设备、软件 → Lab → 初创企业

③利用生产设备为初创企业提供支援

一个可以为毫无行业经验的新公司提供制造支持的实验室（Lab）。HILLTOP利用自己在生产能力方面的优势，积极搭建起一个可以为制造商提供支持的制造平台，这是一个非常值得学习的案例。

5 "孵化型制造平台"的出现

加入创新元素的机制

前文提到的 HILLTOP 利用自身的制造能力为初创企业提供支援,并与其开展合作,这个做法值得日本制造业学习。基于制造企业的制造能力,为初创企业提供支援、帮助其孵化,从而建立起合作关系,并反向推动自身内部的创新。我想将其称为"孵化型制造平台"。

目前,日本的制造业正在努力孕育创新的种子,希望能在快速变化的环境中取得新的突破。例如,汽车零部件制造商在自身制造范围已经固化的情况下,不断打磨完善特定产品的技术和专有知识,可是一旦市场出现 EV 风靡等重大改变时,它们多年来积累的技术和专有知识就可能尽失用武之地。

当然,日本企业内部的情况也是一大阻碍,大公司里烦琐的组织结构和严苛的商业决策标准,都会加大对新事业投放资源的难度。所以要借助现有的资源、资产,寻找能够刺激创新的有效方法。

反观初创企业的成长生态系统,虽然在加速计划和风险资本(VC)等商业讨论和资金筹措方面具有明显的优势,但缺乏

第8章 模式⑤ 出售制造能力

拥有制造专有知识和制造能力的合作企业。初创企业面临的以下问题，可以通过与制造企业合作得到解决。

·一直保留着试作阶段的思维，采用了不具备量产成本效益的设计（例如使用高成本的先进技术等）。

·设计方面没有充分考虑维护和售后的需求。

·没有做好针对量产和上市的项目计划。

·实际导入后发现品质无法满足市场要求、安全标准或法规要求。

·制造能力和技术不足以满足量产需求。

·销售和维修服务资源得不到保障。

日本企业基于自身的制造能力和技术，为初创企业提供支援、与它们开展合作，从而为自己注入新的能源、知识和经营可能性，这也是一个非常好的选项。具体而言，日本企业可以调动自身资源，给予初创企业以量产设计、销售、服务方面的支持（交叉销售），也可以在生产线建设方面提供量产生产线设计支援，或采用收取使用费的方式来帮助它们发展。

包括富士康和 Flex 在内的许多 EMS 公司已经与优秀的初创企业开展合作，除了在制造方面给予支持外，还为它们的经营提供了许多助力，与此同时，也投资、收购了一些未来可期的公司。我希望日本企业能充分利用生产现场多年积累下来的技术和生产能力，不断致力于新型日本制造业的开放式创新和"孵化型制造平台"的发展。

不仅是大公司

夏普与硬件加速基地合作开发的"孵化型制造平台"也是一个十分有代表性的案例。夏普与可以为制造企业提供机床等加工设备的创客圣地 DMM. Make AKIBA 展开合作，为该圣地内的优秀初创企业提供量产加速计划，并用自己的生产线支持初创企业的量产工作。

夏普持续担任初创企业的硬件制造工作，并参与了它们的经营发展，也不断为自己注入新的创新因子。

这些趋势已经从大企业普及于中型企业中。滨野制作所是位于东京墨田区的一家金属加工企业，其业务内容已经从面向特定客户的量产生产，转变成为多种类少量试作提供支援，以及为客户开发设备等领域。该公司下辖的制造孵化中心"Garage Sumida"内配置有机床和软件，可以为包括设计、加工、装配在内的全流程提供支援服务，并与大型企业和研究机构一起支援初创企业的发展。

开发出业务遍及全球的个人移动产品 WILL，及开发出交流机器人 OriHime 的 OryLab，开发出蔬菜自动收获机器人 Inaho 和机器人 Asratec 的多家初创企业，都得益于滨野制作所的 Garage Sumida 平台。Garage Sumida 不仅成了滨野制作所的一大收入来源，更促进了公司核心业务的增长。

在为初创企业提供卓越制造支援的过程中，企业本身也可以不断扩大既有的技术领域范围，从而实现新业务的开拓和现

第 8 章 模式⑤ 出售制造能力

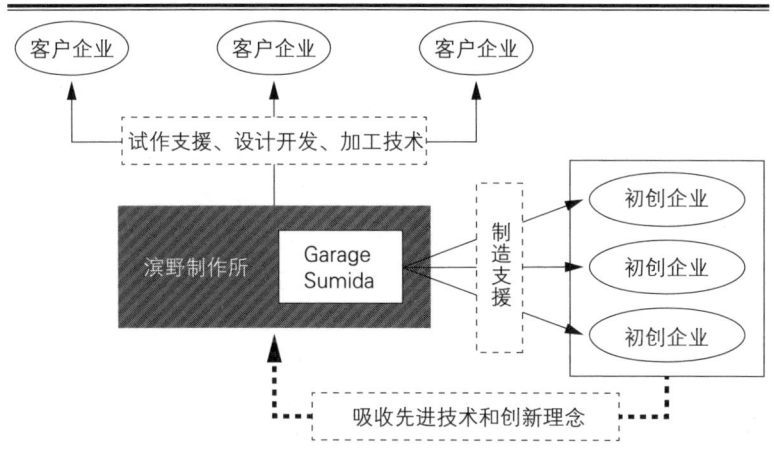

图表48●滨野制作所的Garage Sumida

有业务的优化。希望无论是大型还是中小型的日本企业，未来都能利用自身的制造能力和专有知识，与初创企业积极开展合作，推动自身的不断创新。

第 9 章

举措①
成为具有创新能力的企业、组织

第9章 举措① 成为具有创新能力的企业、组织

1 制造企业转型时面临的问题

到目前为止,虽然介绍了一些制造平台发展的模式和案例,但要实现对传统的内部产品制造的转型也并非易事,许多企业都为此苦不堪言。为此,需要摆脱既有的制造企业观念及速度要求,采纳数字、IT企业的模式及方法。

在发展制造平台时,还必须解决以下几个问题。尽管在第4~8章中已经做过一些粗略说明,但我想在此对各个论点进行一一说明,以作总结。

(1)【组织、企业】如何成为具有创新能力的企业、组织?

论点①:高层的支持、作为经营战略的DX方针

论点②:包括高层在内的跨组织讨论、组织结构的重要性

论点③:经营考核KPI

(2)【解决方案】如何创造和推进具有竞争力的解决方案?

论点④:核心识别和流程标准化

论点⑤:客户价值和商业模式

论点⑥:解决方案推进机制

(3)【规模】如何有效地扩大规模?

(4) 论点⑦:利用生态系统来有效地扩大规模

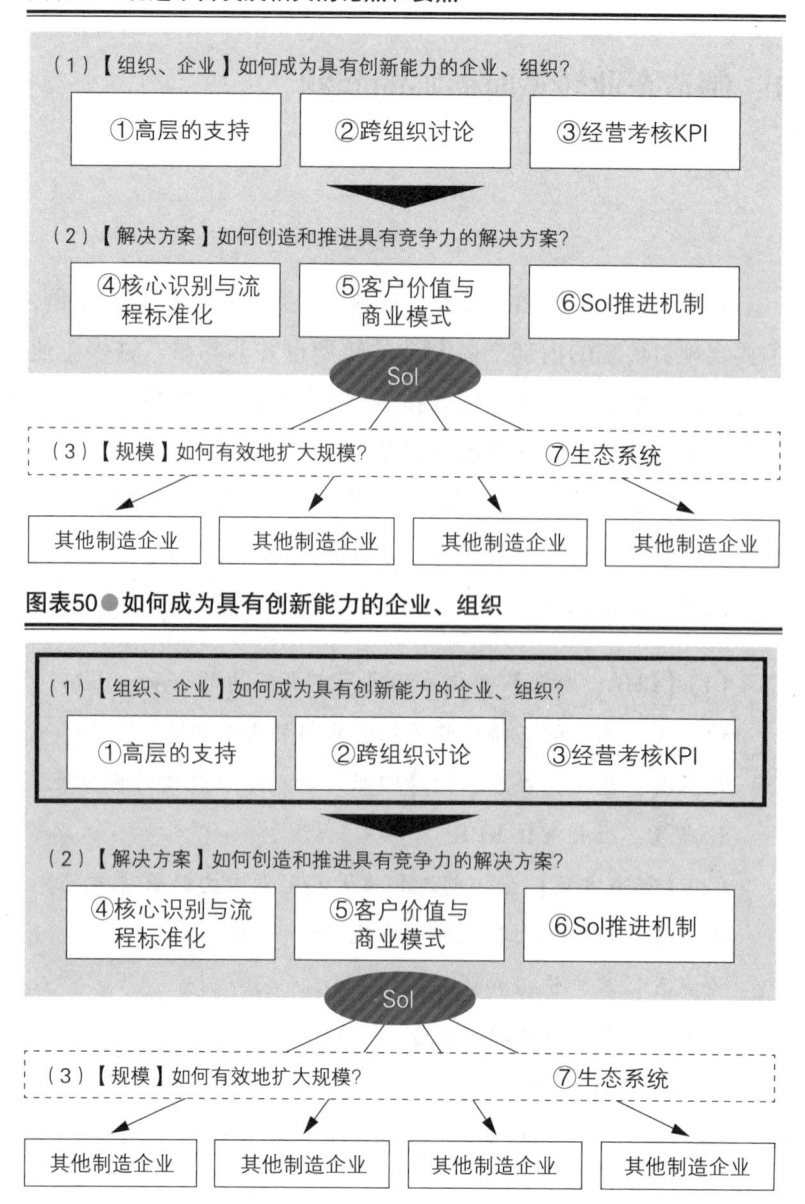

图表49 ● 制造平台发展相关的论点和要点

（1）【组织、企业】如何成为具有创新能力的企业、组织？

- ①高层的支持
- ②跨组织讨论
- ③经营考核KPI

（2）【解决方案】如何创造和推进具有竞争力的解决方案？

- ④核心识别与流程标准化
- ⑤客户价值与商业模式
- ⑥Sol推进机制

Sol

（3）【规模】如何有效地扩大规模？　　⑦生态系统

其他制造企业　其他制造企业　其他制造企业　其他制造企业

图表50 ● 如何成为具有创新能力的企业、组织

（1）【组织、企业】如何成为具有创新能力的企业、组织？

- ①高层的支持
- ②跨组织讨论
- ③经营考核KPI

（2）【解决方案】如何创造和推进具有竞争力的解决方案？

- ④核心识别与流程标准化
- ⑤客户价值与商业模式
- ⑥Sol推进机制

Sol

（3）【规模】如何有效地扩大规模？　　⑦生态系统

其他制造企业　其他制造企业　其他制造企业　其他制造企业

第9章 举措① 成为具有创新能力的企业、组织

在本章中,我首先想对"(1)【组织、企业】如何成为具有创新能力的企业、组织?"进行探讨。

受纵向组织及基于传统的硬件制造、销售模式的经营考核标准等因素的影响,企业已经很难诞生新的解决方案。在此,我想谈谈如何通过解决以上论点,建立起有利于新解决方案诞生的企业、组织。

那么接下来,我将基于①高层的支持;②跨组织讨论;③经营考核KPI这三点来进行说明。

2　高层的支持——作为经营战略的 DX 方针（论点①）

高层的强烈危机感和支持必不可少

毋庸置疑，想要从经营层面推动制造平台的开发，企业高层的大力支持和危机意识必不可少。这也是本书中提到的先行企业们的一个共同特点。

在这些先行企业中，高层的危机意识和希望创造新商业价值的强烈愿景、期望，成了建立和扩大制造平台的主要动力。

许多经营者都觉得数字化举措不外乎利用 IoT 等实现可视化，或单纯地转变为数字化操作模式等，充其量也就是对传统制造方式的丰富罢了。但竞争者和行业新加入者则不会以传统的眼光来看待问题，而是以大幅改变结构的非连续性发展为主要目标。正如亚马逊的诞生几乎摧毁了传统的零售业一样，如今的制造行业也面临同样的问题。

包括辅助产业在内，日本的制造业为社会提供了许多就业机会，支撑着日本工业及员工的生存和未来。为了保护日本工业，为了守护员工及其家人们的美好生活，经营者应以数字化为契机，靠着"不惜一切代价生存下去"的坚定信念为企业找到出路。

第9章 举措① 成为具有创新能力的企业、组织

图表51 ● 主要制造平台企业高层的支持

企业	高层支持摘要
丰田 （FCV的对外销售）	▪ 丰田章男社长提出了"百年一遇的变革时期""实现汽车生产商的全面转型"等，可见其对新领域的坚定支持。
电装 （工业解决方案事业部）	▪ 包括社长在内的经营层都十分支持"强化非汽车的业务"。不断发展精益机动化技术，在总部内设立了一个新的事务所，加强集团内部的共同开发机制。
柯尼卡美能达 （SIC）	▪ 经营层十分理解应与供应商共同发展，生产技术等各组织也十分积极地展开合作。
日本特殊陶业 （共享工厂）	▪ 社长、会长及其他经营层已经取得了"创造非内燃机业务"方面的共识，不仅仅是基于数字的业务评估和培育。
武藏精密工业 （Musashi AI）	▪ 经营层对创造公司"未来"给予了强大的支持，并积极寻找合作伙伴、建立合资公司。
VAIO	▪ 从索尼公司独立出来后，经营层决定利用自身优势开创EMS业务，以支撑公司继续生存下去。

3 包括高层在内的跨组织讨论——组织结构的重要性（论点②）

除了上文所述要点外，研究解决方案的组织结构也非常重要。在日本企业制造领域的数字化过程中，受纵向组织结构以及经营者IT敏感度不足等问题的影响，许多企业都认为"好好讨论DX"应该是现场组织（制造、生产技术、IT部门等）的任务。而负责承担这项任务的组织也只能在内部或联合少数相关组织来进行讨论，无论是组织还是视野，都存在着很大的局限性，不会形成全公司所有组织参与其中的氛围。

这也就是日本企业的DX大都仅限于工厂现场的可视化（IoT）、个别组织常规工作的自动化（RPA）等少数组织内的原因。

在德国的罗伯特·博世等一些在DX方面领先于全球水平的企业内，IT是管理层的必备知识，这会让公司决策更具平衡性。而日本企业中的经营、现场和IT部门之间并无过多的交流，所以要找到一个有效机制来改变这一现状。

- 【经营】具有经营能力，但对IT和现场不太了解。
- 【现场】具有现场能力，但对经营和IT不太了解。
- 【IT部门】具有IT技术能力，但对经营和现场不太了解。

包括高层在内的各个组织，必须以集体的意识实施跨组织

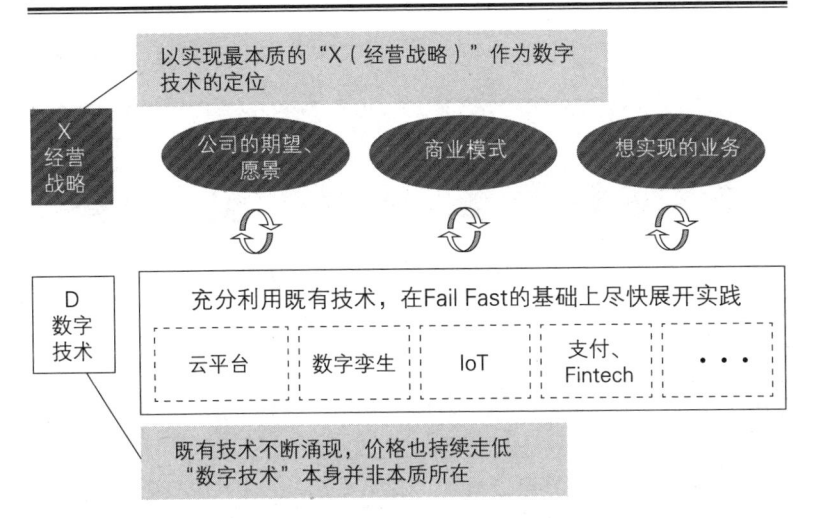

第 9 章　举措①　成为具有创新能力的企业、组织

图表52 ● 充分利用最本质的X（经营战略）及D（数字化）方面的既有技术

```
          以实现最本质的"X（经营战略）"作为数字
          技术的定位
┌─────┐
│  X  │   ┌────────┐   ┌────────┐   ┌────────┐
│ 经营 │   │ 公司的期望、│   │ 商业模式 │   │想实现的业务│
│ 战略 │   │   愿景  │   │        │   │        │
└─────┘   └────────┘   └────────┘   └────────┘
              ⇅            ⇅            ⇅
┌─────┐   充分利用既有技术，在Fail Fast的基础上尽快展开实践
│  D  │   ┌─────┐ ┌─────┐ ┌─────┐ ┌─────┐ ┌─────┐
│ 数字 │   │云平台│ │数字孪生│ │ IoT │ │ 支付、│ │ ... │
│ 技术 │   │     │ │      │ │     │ │Fintech│ │     │
└─────┘   └─────┘ └─────┘ └─────┘ └─────┘ └─────┘
          既有技术不断涌现，价格也持续走低
          "数字技术"本身并非本质所在
```

讨论，尤其是在决定如何基于自身的专有知识和技术为其他制造商提供支援的问题时，更是少不了高层的大力支持。DX的本质并不在于数字技术本身，而在于经营与操作战略。如果将DX视为IT部门或各现场的任务，那就是对其本质的曲解，会对经营产生致命性的阻碍。

今后，我们要将DX视为使用了数字技术的未来商业模式以及对企业生存方式的讨论。

创造新服务的数字推进组织模式

接下来，我想谈谈在具体的解决方案讨论推进结构方面，都出现了哪些模式。图表53中显示了各主要企业利用数字技术推进新解决方案的组织模式。

图表53 ● 具备数字服务创新能力的组织模式

	（1）基于既有组织的数字化推广		（3）混合型推进
	A. 由业务部门主导	B. 由经营企划规划部门主导	C. 由R&D/IT部门主导
组织形态	经营 ├─业务部门（数字） ├─业务部门（数字） └─IT/R&D	经营 ├─业务部门 ├─… ├─IT部门 └─经营企划（经营）	经营 ├─业务部门 ├─业务部门 ├─… └─IT/R&D（数字）
概要	• 由各业务部门主导开发包括构思和研究创意在内的服务	• 经营企划为各业务部门提供资源支持和管理，推动服务的开发	• IT、R&D部门为业务部门提供创意和资源支持，推动服务的开发
优点	• 在日常工作中能够与客户直接交流，因此可以开发出反映客户需求的服务	• 与业务部门之间开展横向合作，有利于服务的开发	• 更容易思考出满足技术发展趋势的创意
缺点	• 与核心业务同时进行，可能无法获得足够的资源 • 创意可能会成为既有业务或当前问题的延伸	• 为了达成KPI，创意内容可能会偏向于能够迅速实现商业化的类型	• 可能会开发出与客户需求差异较大的服务 • 业务部门也可能难以参与开发

第9章 举措① 成为具有创新能力的企业、组织

（2）基于跨部门组织，促进数字化发展

D. 建立专门组织	E. 建立、收购专业公司	F. 建立开放式创新中心
经营—数字部门（独立的部门） 业务部门／业务部门／…／IT/R&D	经营—业务部门／业务部门／…／IT/R&D；独立的数字部门	经营—业务部门／业务部门／…／IT/R&D；创新中心
• 建立一个新的部门，专门负责构思和研究创意	• 成立一个独立的公司来构思和研究创意	• 建立一个开放的创新中心，与客户一起构思和研究创意
• 可以拥有专门的员工，采用与总公司不同的评价体系，所以可以开发相对长期的服务	• 单独的工资结构，便于招聘到一些稀缺人才	• 可以直接倾听客户的需求并开发服务
• 与业务部门有所交叉，在人员招聘的协调方面存在困难 • 可能会开发出与客户需求差异较大的服务	• 在总公司的合作或协同方面可能存在困难 • 需要花费大量的时间和资源来建立	• 如果直接取得客户认可，可能就无法找到最理想的业务模式

197

如上所述，许多企业都将针对DX的讨论工作抛给了各个组织，过去的数字化推进方式，都是如图中（1）所示的基于既有组织开展的方式。

制造行业中，针对新业务的讨论通常都是与现有业务平行进行的。因此，负责讨论新业务的组织往往会因为被手头上的工作耗光了精力，实在无法将资源、时间分配到新型数字服务中，大部分情况下都是不了了之。特别是被安排了开创新业务的精英人才，同时也是开展现有业务的主力军，所以根本腾不出手来专注于对新业务的思考。

想要维持业务结构现状的组织，往往也很排斥将资源投入到新业务的讨论工作中，自然也就不会竭尽全力做好人力资源的合理分配。还有，若由某个特定的组织负责这项工作，会很容易将思考重点放在自身内部问题的改善方面，忽略了对整体的思考。

于是，（2）基于跨部门组织的数字化推进方式应运而生。例如为推进数字化而成立的跨部门组织或开放式的创新基地，以及以合资的方式创立一个新公司，等等，都是出于这一目的。跨部门组织的负责人被称为CDO（Chief Digital Officer），对数字化负有全部的责任，拥有全部的权力。跨部门组织则负责制定跨部门预算及投资路线图、统一公司内部使用的数字工具，并为各组织的数字化工作提供支援。如此一来，便可以提升公司全体的运营效率，并让所有人都能从公司角度出发思考。

部分先行企业还采用了结合（1）和（2）优势的（3）型

第9章 举措① 成为具有创新能力的企业、组织

机制。即由跨部门组织来制定最有效的机制,同时大力推动该机制的运转,以及加强各部门间的通力合作。

在(2)跨部门组织做法中,除了制定整体方针、推进整体优化外,与作为执行单位的各个组织间的合作更是尤为重要。在一些由跨部门组织推进 DX 举措的先行企业中,由跨部门组织制定的举措无法深入各组织内部,所以很难推进双方合作也是一个常见的问题。

在跨部门组织中设立一个专职人员的同时,也设置了若干名同时为各组织和跨部门组织服务的"传导师"或"协作者",负责推动该组织内的数字化发展。如此一来,跨部门组织中获得的专有知识和技能就会被转移到各组织中,相当于在各组织内设立了一个跨部门组织"支部"。总而言之,要基于自身企业文化和特点来思考组织的设计。

出岛组织的设计

如上所述,许多在服务和新业务开拓方面领先的公司,都在通过建立"出岛组织",也是在专业组织或总公司之外建立一个新的组织,来推进新业务的开拓。这个过程中,组织和个人的评价十分重要。当然,开创新业务的效果并不都是立竿见影的,所以很难基于销售或利润来进行评价。若以同样的标准来对此进行评价,可能就无法在新业务创立初期对组织进行评价,最终只能半途而废。

例如,柯尼卡美能达设立了一个直属于社长的商业创新中

心,以不同于总部的视角,针对个人和团队设定评价KPI。评价的重点不在于销售额或利润等收入,而在于"提出了多少商业方案"。此外,还赋予这一新业务推进组织以一定的投资决策权,以加快对新事业的决策和推进速度。

如果采用等同于总部的评价标准,那就难免会受到现有业务的规模、速度和风险责任规定的影响,从而畏首畏尾、犹豫不决。为了防止出现这种情况,就必须建立一个拥有一定程度的独立决策权的组织。

4　创立数字解决方案的经营考核 KPI（论点③）

在发展制造平台方面，日本制造业的论点在于正确理解服务和解决方案业务结构的经营考核机制。

若要发展服务型业务，那么与传统的硬件销售相比，除了单价下降以外，还伴随着业务起步阶段投资增加、成本增高等情况，因此利润构成会出现如图表 54 所示的鱼形曲线。此外，平台业务方面，在积累了大量数据、用户之后，业务收益情况就会发展成 J 形曲线结构。

在许多制造企业中，经营考核的机制并没有采用这一利润构成模式，所以在经营创新和考核阶段中存在障碍，最终不得不回归至传统的硬件销售领域。基于制造业现有业务规模的观点，企业的关注点往往会放在"这项业务要花费数十亿日元，甚至数百亿日元"上。所以，应基于数字服务的观点进行重新讨论。

分阶段培养新业务的门径管理方式

针对这些问题，先行企业早就意识到并开始采用门径管理方式，分阶段对业务创意进行培养。例如，某制造平台企业以从开拓新业务到实现商业化的第三年为对象，划分出了 5 个阶

图表54 ● 鱼形曲线和J形曲线结构

| 从硬件销售模式转变为解决方案型模式时出现的鱼形曲线 |

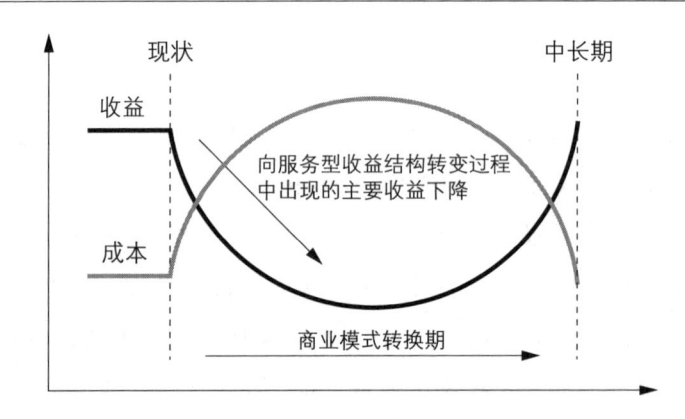

现状　　　　　　　　　　　　　中长期

收益

成本

向服务型收益结构转变过程中出现的主要收益下降

商业模式转换期

| 平台型业务的J形曲线结构 |

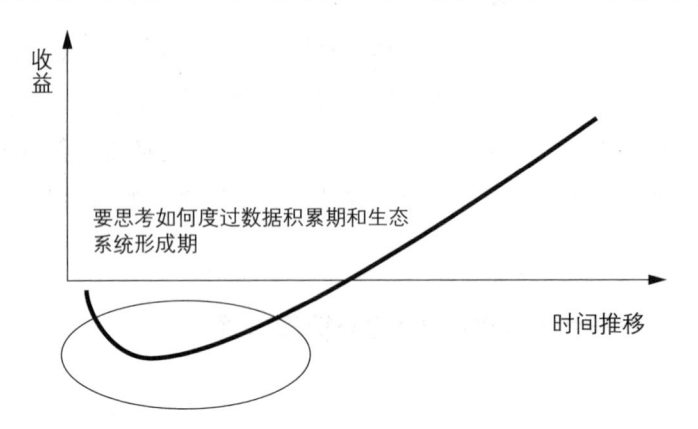

收益

要思考如何度过数据积累期和生态系统形成期

时间推移

第9章　举措① 成为具有创新能力的企业、组织

段，并为各阶段一一设定了目标。

或者，在业务创意 KPI 方面，建立了初期以客户需求为重点，后期逐渐提高业务性、可行性比重的考核体系。从创意阶段开始，严格按照每个阶段的要点进行筛选，最终形成能够开拓新业务的机制。

图表55●采用门径管理方式的业务评价

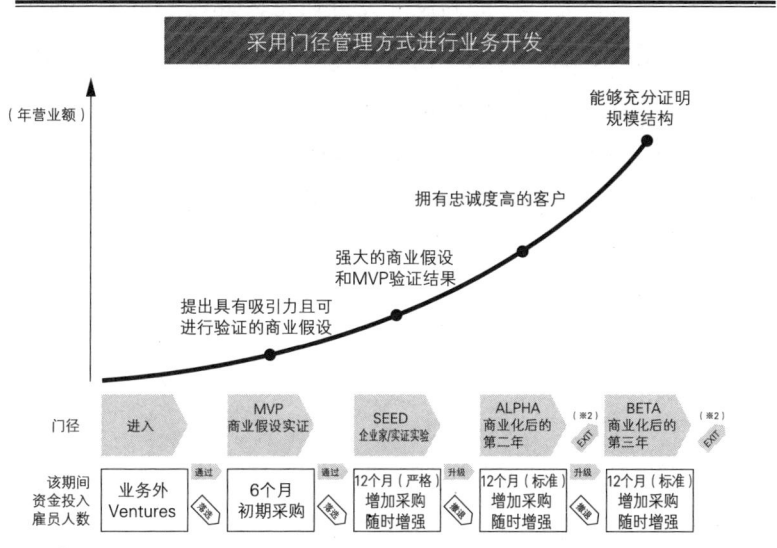

引自：https://recruitholdings.co.jp/news_data/release/2016/1003_1-6966.html

需要一个数字投资线路图来完成必要投资

另外，日本企业出于过度的 ROI 主义，总是不自觉地避开例如增加销售额或削减成本等不会马上获利或收回成本的投资，而倾向于能快速看到成果的投资。也正因为如此，虽然没有对

销售额和成本削减产生直接影响，但在对于制造平台而言最重要的专有知识标准化、数据基础建设等方面的投资也有所落后。

在数字时代下，公司应在重新定义包括商业模式在内的价值输出方式后，以积极的态度在必要的业务领域投入资金。为此，需要事先制定出公司整体的数字投资路线图。

以 2030 年为限设置长期目标，对竞品、市场的变化趋势做出预测，并站在经营层的高度，充分讨论为此需采取哪些战略措施。达成共识后，再从短期、中期、长期的角度来分析为实现这些目标需要进行怎样的数字投资。

要坚定信念，基于长期目标对数字投资路线图进行反推，从而明确制造平台的发展目标，进而思考未来的投资方式。

第 10 章

举措②
思考、实施具有竞争力的解决方案

第10章　举措② 　思考、实施具有竞争力的解决方案

接下来，我想在本章中谈谈如何提出具有竞争力的解决方案。这是构建制造平台的"主体内容"，同时也是最核心的组成部分。

在此，我主要介绍三个要点，即：④核心识别和流程标准化；⑤客户价值和商业模式；⑥解决方案推进体制。

图表56 ● 如何创造和推进具有竞争力的解决方案

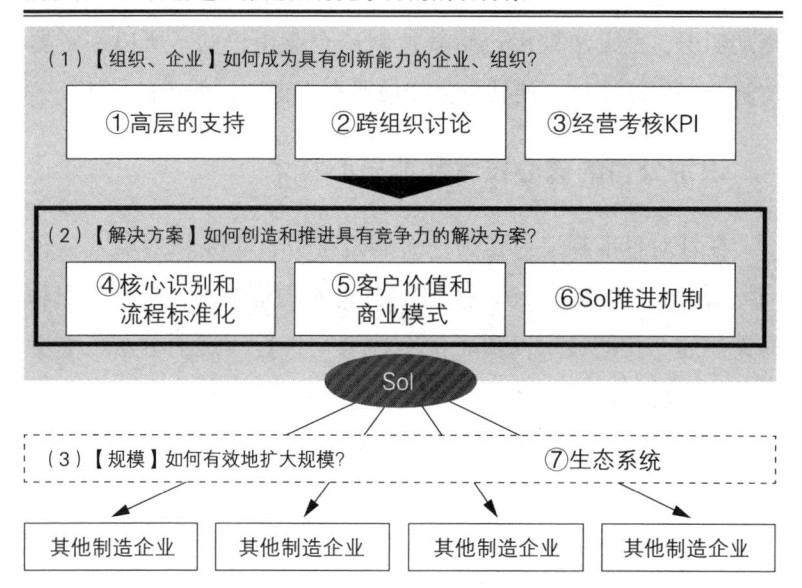

（1）【组织、企业】如何成为具有创新能力的企业、组织？
- ①高层的支持
- ②跨组织讨论
- ③经营考核KPI

（2）【解决方案】如何创造和推进具有竞争力的解决方案？
- ④核心识别和流程标准化
- ⑤客户价值和商业模式
- ⑥Sol推进机制

Sol

（3）【规模】如何有效地扩大规模？　　⑦生态系统
- 其他制造企业
- 其他制造企业
- 其他制造企业
- 其他制造企业

1　核心识别和流程标准化（论点④）

在思考制造平台的解决方案时，首先要识别核心技术和非核心技术，并大力推进公司流程的标准化。要对公司技术、操作的卖点，以及能为客户提供哪些价值进行深入分析。此外，在对外销售平台的过程中，一些只有资深技术人员才能识别的暗默知识，是无法被传达给其他制造企业用户的。所以一定要实施彻底的标准化，使其成为能被所有人识别、使用的知识。

识别公司的核心技术和非核心技术

在针对日本制造业作为一个制造平台，能够"为谁"提供"什么价值"进行思考的过程中，还应对内部技术、专有知识和操作中的"核心技术以及非核心技术"进行客观的分析。上文中我也多次提过，许多日本公司无法区分这两者。

迄今为止，制造业企业的关注点都在于如何用自己的"产品"为客户提供价值，并获得市场竞争力。然而，在这个过程中积累的产品使用方式相关的知识、生产技术专有知识、客户及体系等供应链网络，都有可能成为数字化背景下的新商业产品以及价值核心。所以应站在客观的角度，识别出这些竞争力及价值。

第10章 举措② 思考、实施具有竞争力的解决方案

对可销售技术进行彻底的标准化处理

在上文中,我在制造平台的各个案例中反复提到过一个观点——对外销售的前提在于"标准化"。与日本不同,欧美及中国的企业已经借助数字技术,构建了"可供任何人使用"的操作模式。

一家中国的汽车制造商就曾说过,之所以做出数字投资的决定,主要是考虑到"人非圣贤孰能无过""暗默知识可能在传承的过程中缺失""必须形成一种机制,让任何人都能轻易做到"。基于这一意识,该公司在标准化工作方面取得了很大的成果,也成功开拓了向其他公司销售基于自身技术和专有知识开发出来的解决方案。

包括丰田生产方式在内,日本在"机制化"方面向来都有出色的表现。假设未来的制造行业是以外国劳务工以及年轻工人为主要劳动力,那么一直以来日本企业最引以为傲的资深技术人员及暗默知识优势也将不复存在。所以应尽快思考能够适应数字时代的机制化方式。

以数字方式转录专有知识、使之标准化,辅以现场

由专人掌握的暗默知识一直都是日本企业"现场"能力的根源。但随着数字时代的到来,这反而成了一个制约企业发展的弱点,因为这样的做法会阻碍标准化的形成、无法在公司内部实现共享,自然也就难以推进向基于自身专有知识,为其他

公司提供解决方案的商业模式转变。尤其是新冠疫情出现后，许多公司都苦于工作无法远程操作、操作方式缺乏灵活性，于是再次将一直搁置的数字投资问题提上了日程。

因此，企业需要改变操作方式，采用第 2 章中介绍的，利用数字技术进行设计、构思和验证的模拟循环，现场人员则只需负责调整和补充。后疫情时代要求企业尽量降低现场的直接操作，而数字双胞胎等数字技术则可以为此提供有效的支持。通过这个做法，可以将公司内部的标准专有知识转化为数字方式，从而顺利实现对外销售。

充分利用既有技术，实现小步伐快速发展

出现这种商业模式和方案后，就会涌现出许多符合其使用要求的数字技术和工具，售价也会迅速下降。所以一定要予以充分利用。

日本的制造企业在考虑数字化解决方案时，一般都有着十分强烈的独立色彩，总是以所有的系统开发和研究都应由自己负责为思考的前提。这就导致投资预判金额过高、迟迟无法推进。即便能成功推进，也会因为系统开发所需时间过长而进展缓慢。

在这种情况下，日本企业应该转变思路——充分利用既有系统的功能，在尽快推出数字服务解决方案的同时，通过试错来确定最终方向。

从先行公司的案例就能看出，它们实际上没有打出什么全

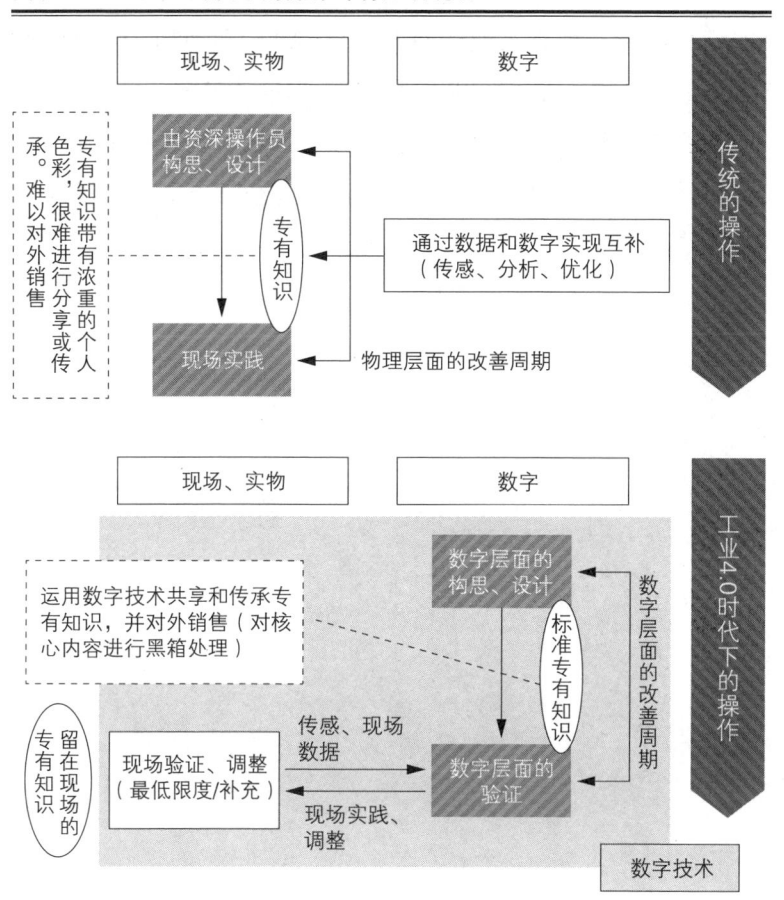

第10章　举措② 思考、实施具有竞争力的解决方案

图表57 ● 工业4.0时代下的操作专有知识现况

[图表展示传统的操作与工业4.0时代下的操作对比]

传统的操作：
- 现场、实物：由资深操作员构思、设计 → 现场实践
- 数字：通过数据和数字实现互补（传感、分析、优化）
- 物理层面的改善周期
- 专有知识带有浓重的个人色彩，很难进行分享或传承。难以对外销售

工业4.0时代下的操作：
- 现场、实物：现场验证、调整（最低限度/补充）
- 数字：数字层面的构思、设计 → 数字层面的验证
- 传感、现场数据；现场实践、调整
- 数字层面的改善周期
- 标准专有知识
- 运用数字技术共享和传承专有知识，并对外销售（对核心内容进行黑箱处理）
- 留在现场的专有知识
- 数字技术

新的，或是独特的概念，只是不断地学习、利用既有技术，持续提升整体操作的效率和精度。

　　海尔的大量客制化也是在高精度的设计模块化和制造工艺标准化的基础上建立的，以实现满足个别需求的生产。在上文介绍数字体系时提到过的 BMW 的制造平台，也是充分利用了 Azure 的功能。大众工业云也是基于 AWS 和西门子的 MindSphere 发展而成，是充分利用既有技术的成功案例。

数字技术供应商的数量不在少数，且成本正逐年下降。所以一定要充分利用既有功能，实现小步伐快速发展，通过试错来确定最终方向。

2 客户价值和商业模式（论点⑤）

基于客户的需求来确定核心解决方案

当然，开发制造平台的过程中最重要的一点，在于能否提出具有竞争力的解决方案，也就是"客户认为有价值的解决方案"。数字技术和生态系统（合作伙伴群体）虽然有着复杂的结构，但本质上与传统商业并无不同，面对的都是"和谁一起""向谁"提供"什么"的问题。数字时代下思考解决方案的步骤如图表58所示。

为了提升解决方案的思考效率，许多人往往都更注重步骤②和③。但实际上最重要的是步骤①，即以解决公司自身问题和主要客户需求为出发点，提出解决方案。一定要明确客户面临哪些问题，以及自己能为此提供什么价值。

"设计思维"和"学习工厂"

打造数字服务的关键在于打破以技术和产品为导向的传统思维，彻底深挖能够为客户，甚至为"客户的客户"提供什么价值，并在此基础上提供服务。

SAP、西门子等IT解决方案企业便是站在客户角度思考解

图表58 ● 制造平台的发展流程

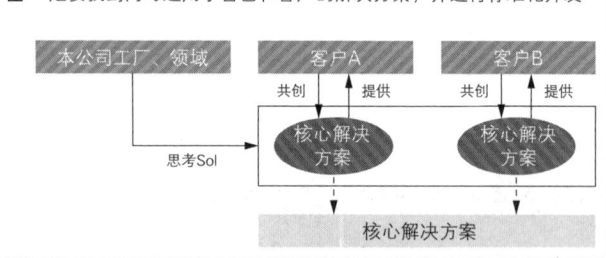

Step①　基于客户问题思考核心解决方案

- 基于本公司工厂、领域，或与核心客户一起思考核心解决方案
- 一定要找到同时适用于自己和客户的解决方案，并进行标准化开发

```
本公司工厂、领域        客户A              客户B
                    共创  提供          共创  提供
        思考Sol     核心解决方案       核心解决方案
                         ↓                  ↓
                         核心解决方案
```

Step②　对通用功能和单个模块进行区分、建立与合作伙伴的协作机制

- 将通用功能进行平台化，对标准功能和单独功能进行区分
- 对核心解决方案进行平台化，以保证所有合作伙伴都能使用，并建立协作机制

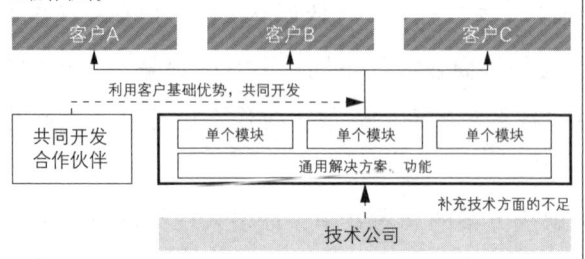

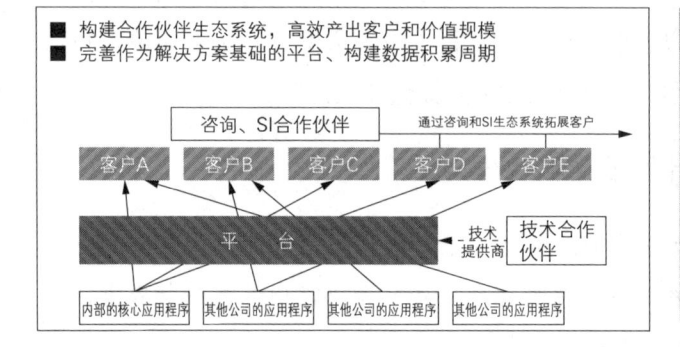

```
      客户A          客户B          客户C
              利用客户基础优势，共同开发
  共同开发    单个模块   单个模块   单个模块
  合作伙伴         通用解决方案、功能
                         ↑
                  补充技术方面的不足
                    技术公司
```

Step③　通过生态系统实现快速扩大规模

- 构建合作伙伴生态系统，高效产出客户和价值规模
- 完善作为解决方案基础的平台、构建数据积累周期

```
          咨询、SI合作伙伴        通过咨询和SI生态系统拓展客户
  客户A  客户B  客户C  客户D  客户E
                  平 台              技术合作
                           技术     伙伴
                           提供商
  内部的核心应用程序  其他公司的应用程序  其他公司的应用程序  其他公司的应用程序
```

第 10 章 举措② 思考、实施具有竞争力的解决方案

决方案的优秀案例。所有制造企业都可以借鉴、学习它们的做法。它们在世界各地建立了客户共创中心，基于设计思维，根据客户的问题和需求当场迅速创建模型。

共创中心展示了该公司在各领域提出的解决方案事例，且每个中心都会配备一位引导师，主要负责基于设计思维的讨论工作，以及根据客户的问题和需求建立假设模型。依照讨论的结果，程序员和编码员会当场建立模型，并与客户一起改进。

设计思维是一种关注"人"的思维方式，基于以下视角（模式），从全新的角度提出基于顾客需求和问题的解决方案。其中的关键点在于要从以技术和产品为导向的思维方式中走出来。

·Empathize（与客户共鸣）：听取客户乃至"客户的客户"所面临的真正问题，并与它们产生共鸣。

·Define（定义问题）：对客户想要实现什么，需要什么来实现，为谁提供什么产品或服务等"问题"进行定义。

·Ideate（形成创意）→Prototyping（模型设计）→Test（验证）：这些都需在短周期内多次重复。

在开发制造平台时，制造企业应深入思考自己的制造行业客户乃至"客户的客户"所面临的挑战和需求，以及能够利用自身的技术和专有知识为它们提供什么。日本企业在持续改进技术能力方面一直都处于世界领先水平，今后要将目光转向以"为客户"为终极目标，建立一个全新的优势领域。

图表59 ● SAP体验中心

引自：SAP日本资料

面向全球的制造创新中心及日本的发展

在制造业领域，一种被称为"学习工厂（LF）"的产官学组织已经在全球范围内铺展开来，这是一个可以与客户共同进行开放式创新的平台。LF指的是基于示范工厂的实证基地。

"学习工厂"中设置了可以实现制造的IT系统和设备，通过OJT来制造实际产品，让客户能从中掌握智能制造相关的专有知识。

制造企业将自己的问题、数据和需求带到LF，在实证的过程中共同思考制造相关的解决方案。为此，设备制造商和软件公司应将LF定义为一个能与客户制造企业直接交流的销售基地，并在此开发能够解决客户问题、满足客户需求的产品。

德国主要几所工科大学中都配备了这种系统，例如亚琛工业大学就已将基于实际电动汽车生产线的实证型回归教育纳入教学计划中，PTC等软件公司及硬件公司也参与其中。德国社

第10章 举措② 思考、实施具有竞争力的解决方案

会对工业领域和学术领域不做明确的区分,所以各领域间的人才交流十分频繁,周边地区的大、中、小型公司都愿意参与到LF中,也催生了许多创新活动。例如,亚琛工业大学就为数家跨国电动车初创公司提供过大力支持。

以LF为代表的产官学活动已经得到了世界各国的认可,例如新加坡的科学研究局(A＊STAR)以及南洋理工大学(NTU)就已设立了先进再制造与科技中心(Advanced Remanufacturing and Technology Centre:ARTC),配置了由具备全球领先的设备及软件企业提供的先进示范生产线,希望LF能成为与亚洲制造企业共同推进开放式创新的平台。

虽然中国、印度、泰国等国家也在不断推动LF,但日本公司的参与度并不算高。例如,全球共计约80家公司加入了上述的新加坡ARTC,而属于日本的开发制造解决方案相关企业只有5家。

与客户共同开发制造解决方案,是积极参与这些组织的前提条件。

客户(客户的客户)的需求和问题

可见,制定解决方案过程中最重要的一点在于分析客户问题的本质所在,并思考能为解决这些问题提供什么价值。所以,应反复、彻底地进行以下分析:

(1)包括"客户的客户"在内的终端用户所面临的问题和需求。

(2)基于第一条逆推,思考为制造行业客户应该提供什么价值。

(3)基于上述两条,思考制造行业客户面临的挑战和需求。

(4)为了解决以上问题和需求,自己公司应该提供什么价值。

(5)需要什么解决方案来实现这一价值。

图表60● 通过逆推,开发基于客户价值的业务

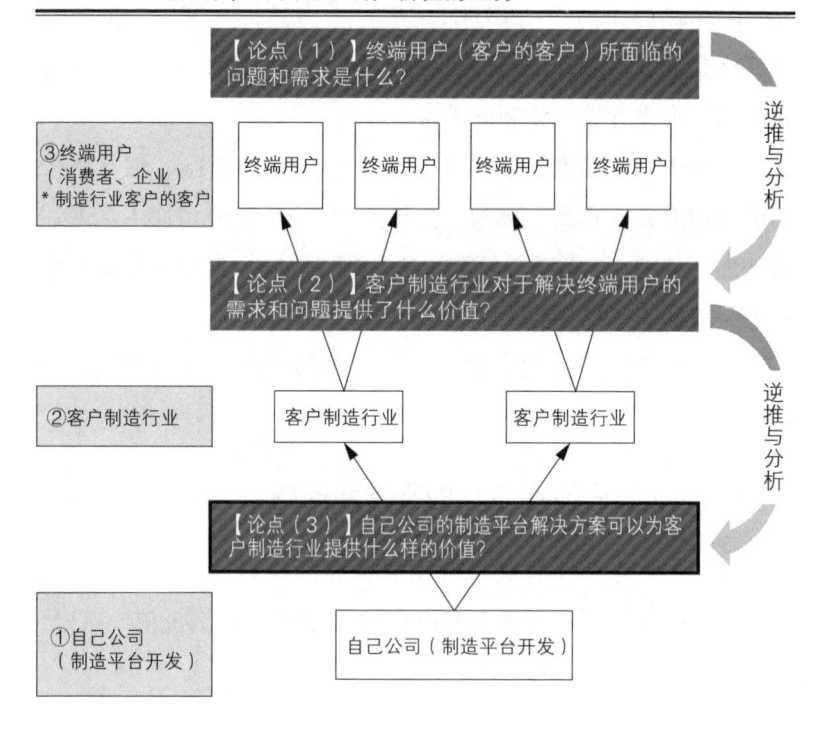

```
③终端用户                【论点(1)】终端用户(客户的客户)所面临的
(消费者、企业)              问题和需求是什么?
*制造行业客户的客户         ┌────┐ ┌────┐ ┌────┐ ┌────┐      ↑
                          │终端用户│ │终端用户│ │终端用户│ │终端用户│   逆推
                          └────┘ └────┘ └────┘ └────┘     与
                                                            分
                          【论点(2)】客户制造行业对于解决终端用户的  析
                          需求和问题提供了什么价值?              ↓

②客户制造行业             ┌──────┐       ┌──────┐           ↑
                          │客户制造行业│       │客户制造行业│         逆推
                          └──────┘       └──────┘            与
                                                              分
                          【论点(3)】自己公司的制造平台解决方案可以为客  析
                          户制造行业提供什么样的价值?                ↓

①自己公司                 ┌──────────────┐
(制造平台开发)             │自己公司(制造平台开发)│
                          └──────────────┘
```

(4)和(5)的价值方向大致可以划分成如下三项。这些价值将成为下文所说的收费模式中的基数和资本,所以如何最大

第 10 章 举措② 思考、实施具有竞争力的解决方案

化实现这些价值,直接关系到企业能否获得收益。

①销售额和利润的增加:客户竞争力提升带来的订单数增加、新商业模式的开发带来的机会增加、生产力提升带来的产量增加。

②成本降低:工时及必要人力的减少、设备停工等机会损失的减少带来的成本降低、替代方式投资额的降低。

③数字外价值:为客户确保可追溯性、降低质量风险、提升品牌力、确保技能的可传承性、公司的可持续性发展作出贡献。

收费模式、单价设定

下一步,基于上述的价值分析来思考解决方案的收费模式。无论采用下文中提到的基于使用量的收费,还是成果报酬型收费等收费类型中的哪一种方式,为客户提供的价值都是最主要的资本。

基于这一资本来思考应该采取定额收费方式、成果报酬型收费方式还是基于使用量的收费方式。当然,解决方案的价值与收取的费用并不是相等的。因为若将客户收入的增长部分和费用成本的降低部分都收走,那么客户使用这个解决方案还有什么意义呢?

因此,客户享受到的利润和解决方案服务商所提供价值的资本,其分配比例应由双方协商决定,可以是 20%、33% 或 50% 等,视具体的解决方案而定。对制造平台服务商而言,提

图表61●基于价值分析收费的主要资本（单价设定）

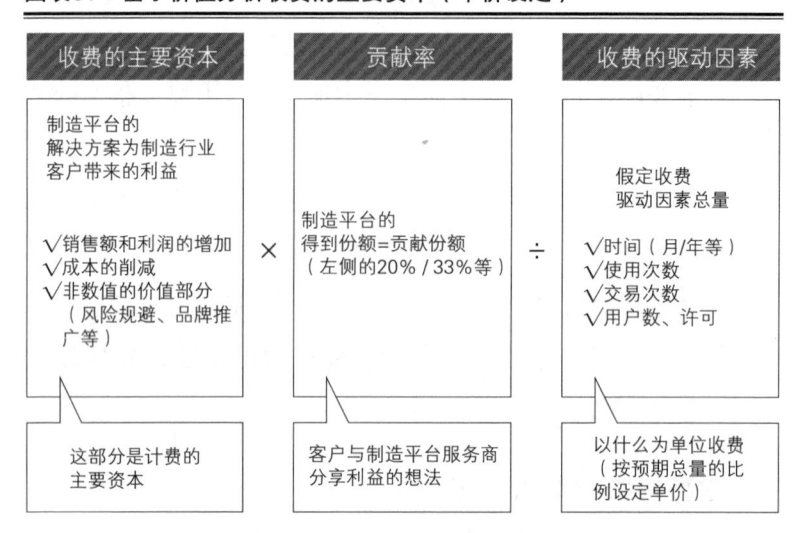

收费的主要资本		贡献率		收费的驱动因素
制造平台的 解决方案为制造行业 客户带来的利益 √销售额和利润的增加 √成本的削减 √非数值的价值部分 （风险规避、品牌推 广等）	×	制造平台的 得到份额=贡献份额 （左侧的20% / 33%等）	÷	假定收费 驱动因素总量 √时间（月/年等） √使用次数 √交易次数 √用户数、许可
这部分是计费的 主要资本		客户与制造平台服务商 分享利益的想法		以什么为单位收费 （按预期总量的比 例设定单价）

升这一比例的关键，就在于如何获得客户对价值和贡献的认可（在实际交涉过程中，其实无须公开公司内部的逻辑，只要双方事先确定一个底限即可）。

接着依据如下的收费模式，基于单位总量划分该解决方案提供类型的假定份额，然后设定每个单位的假定单价。

假设制造平台服务商可以提供 100 的价值，其中自己公司的贡献率为 20%，那么制造平台服务商的假定份额就是 20。这 20 是采用五年期的定额收费模式，那么每年的收费即为 4，若假定这一解决方案会被使用 100 次，那么每次使用量对应的费用则为 0.2。以此类推。

设定时，不能站在成本等服务商的立场上进行思考，而是完全以客户的需求为导向。应不断提升能够为客户提供的价值，

第 10 章 举措② 思考、实施具有竞争力的解决方案

并在此基础上设定解决方案和收费模式。

关于收费模式的思考

As a service（服务型）收费模式包括以下几种类型。它们皆为根据客户的业务特点、面临的问题、解决方案的使用场景和使用频率等要素来选择，并已得到客户认可的模式。

①定额收费

即向客户公司定期、定额收取费用的模式，例如每月一次。许多公司将这种做法设定为解决方案收费模式的基础，除了以固定费用方式体现的定额收费模式外，基于使用量的费用模式以及成果报酬型收费模式也是比较主流的做法。

例如，生产共享平台通常采用的模式是，在注册时收取固定费用，在委托—生产的匹配关系成立时，再收取一定数额的委托金作为成果报酬。

②按使用量收费（交易收费）

这是一种基于解决方案的使用单位（如时间、通信、数据量等）来收费的模式。

例如，机器人制造商库卡的业务重点就从销售机器人转向了开发智能工厂，通过出租使用权来收取费用（Smart factory as a service）的模式。

在第 4 章中我也曾介绍过，将旧款产品的生产许可和生产线出售给新兴国家的制造商，可以再次创造利润。还有一种收费方式：提供内部开发的运输设备、运输系统的租赁服务，按

运输零件的重量等进行收费。总之，应先分析自己能为客户提供哪些价值，然后再设定单价、确保收益。

③成果报酬型收费

这是依照解决方案成果，例如节约了多少成本或增加了多少收入，来收取一定比例费用的收费模式。这种模式不会按照机器等设备的销售数量，而是按照最终实现的人员成本或能源等的降低成果来收取相应费用。

一些生产线制造商并不会在导入生产线的时间点收费，而会按照该生产线的生产量来收取费用。

事实上这种基于直接效益的收费模式更容易被客户接受，但也要注意一点，以基于成本降低额来收费的模式为例，成本降低一定存在一个上限值，客户很可能会在到达上限值后便不再继续使用。那么为了持续获得收益，就要让客户能够持续从解决方案中获得收益，所以应分段提升方案价值，或改变成果的方向性。例如，将成果目标从降低成本转为扩大销售或改变商业模式，等等。

要注意，无论采用哪种收费模式，在所有解决方案业务中，提供方都应与客户一起不断提升自身产品的价值。

④佣金型收费

这是根据解决方案创造的商机或交易来收取一定比例费用的模式。例如，在平台上提供第三方解决方案/应用程序，基于销售额收取一定比例的佣金。

许多工业 IoT 平台都会针对第三方应用程序，基于销售额收

第 10 章 举措② 思考、实施具有竞争力的解决方案

取一定比例的佣金。

此外，基于平台实物交易的收费也是一个可以考虑的做法。海尔的 COSMOPlat 便拥有许多供应商及有大规模定制需求的企业客户，可以实现零件采购及供给交易。大规模定制所需的软件和硬件也是平台的一项收入来源，不过最大的利润还是源自每日大量的采购交易佣金。

相较于 B to C 领域，B to B 领域在集客方面并不具备优势，所以无法仅靠数字服务来提升收入。因此，可以以数字服务为诱饵，通过实际的商业交易来收取费用，这也是一个很有效的增收方法。

在解决方案业务中设定"诱饵和利润来源"

在解决方案业务中，一定要对用于吸引客户加入的"诱饵"，和作为实际收入来源以及回收引擎的"利润来源"进行战略性划分。在 B to C 数字服务中，用户数量的快速增长，可以带来会员费、服务费以及广告费等规模效应利润。因此，平台可以采用兼备诱饵与利润来源的收益模式。

然而，在为制造业提供支援的 B to B 中，解决方案是精准到某个行业或工程的，因此难以如 B to C 一般出现用户数量的爆炸式增长。因此，单纯的会员费、应用程序使用费等数字收入很难成为支撑公司发展的支柱性收入。

所以，应以数字技术及服务为诱饵，在单价较高的物理层（物理、实际操作领域）同时设定一个收益点。例如，在上文中

提到的海尔 COSMOPlat 案例中，大规模定制所需的硬件和软件就是诱饵，被这一诱饵吸引来的众多企业于平台上进行实物采购交易时产生的佣金，就成了该公司的主要利润来源。

欧洲的某个大型工业 IoT 平台便是以极低的价格进入市场，以吸引更多企业成为其会员，最终实现全球化战略部署。在此基础上，该公司正通过开发 PLM、3D 模拟器等软件的数字化手段，来不断提升企业利润。

工业解决方案业务的利润来源中，"便捷性"和"高单价"是两个重要因素。所谓"便捷性"，就是指企业可以将解决方案委托外部集成商或经销商等合作伙伴来运营，在不直接参与项目的情况下获得利润。只有最大限度降低企业在单个项目中的参与度，才能创造出最大的利润。能否成功，就取决于能否创造出便于合作伙伴运营的，且具有竞争力的商业产品。

而且，我在上文中也提到过，平台本身和数字服务本身不会成为 B to B 领域收入的主要支柱。许多先进企业都已经建立起了以平台和数字服务为媒介，推广硬件和软件等标准化、高单价的商业产品，在实物交易的过程中收取佣金的收益模式。

简言之，在发展解决方案业务的过程中，能够依靠合作伙伴"便捷"、高效、自然地推广"高单价"、标准化的硬件和软件，便是再理想不过的状态了。

关键在于"深度"和"广度"的倍增，这一点会在下文中具体说明。深度是指与个别客户共同开发具有竞争力的解决方案，广度是指借助合作伙伴来有效地推广这些标准化后的解决

第 10 章　举措② 　思考、实施具有竞争力的解决方案

图表62●数字解决方案中至关重要的诱饵及利润来源的区分

诱饵	利润来源
控制客户入口、引导客户需求 ■【平台类型】 　低单价×多样性客户入口登录 ■【咨询类型】 　具体项目×高单价，以及深度控制问题和需求	标准模块（HW/SW）等带来的高效利润扩大，并在物理层设置收费点 ■最大限度地减少定制部分，且方便让外部合作伙伴参与的标准模块（硬件/软件） ■向采购交易等日常运营收费 ■与金融、融资等有关的利润来源

从诱饵引导至利润来源（登录、开发）

方案。

然而，开发具有竞争力的标准化解决方案可不是易事。要在深入了解客户问题和需求的基础上，开发出满足客户需要的标准化商业产品。

想要创收，就需要"诱饵"。诱饵的关键在于"深入""持续"地观察客户需求，并精准满足。从这个角度来看，单价低但能吸引众多客户，从而能够更好地锁定客户的平台型，以及虽然难以高效处理多个项目，但能深入掌握客户问题和需求的咨询型，都是非常有效的"诱饵"。重点在于通过合理的结合，设计出一个具有竞争力的商业模式。

3 解决方案的标准化功能和咨询建议功能（论点⑥）

制造平台的出现，让销售模式从产品的生产及销售，转变为向其他公司出售解决方案。为此，需要重新审视现有的操作方式，建立新的组织或团队来发挥新的功能。主要功能可以大致划分为：a 解决方案的标准化功能；b 咨询建议功能；c 生态系统管理功能。此处主要针对 a 和 b 进行说明，c 则会在论点⑦中进行详细说明。

标准化解决方案和个性化解决方案的双层结构

如上文中所述，在制定解决方案时，一定要在"深度"和"广度"之间取得平衡。除了注重基于客户问题制定解决方案的"深度"，"广度"，即"标准、通用型解决方案"也很重要。

日本的制造企业虽然十分擅长为特定客户定制个性化的业务发展方案，但并不善于将这些解决方案改造成标准化的解决方案，也不善于依靠合作伙伴来推广这些解决方案。符合特定公司需求的方案固然能提升客户的满意度，但这种利基产品偏离了其他企业或行业的需求，所以自然难以取得规模化效益。

此外，服务于特定客户的解决方案，也会加大外部合作伙伴的使用及推广难度。久而久之，企业的赢利能力便会逐渐下

第 10 章 举措② 思考、实施具有竞争力的解决方案

降，竞争力也会逐渐丧失。

许多全球领先的平台服务商都指出，"标准化"和"需求减法"是成败的关键所在。这些公司会将核心客户的需求分解为以下两层。

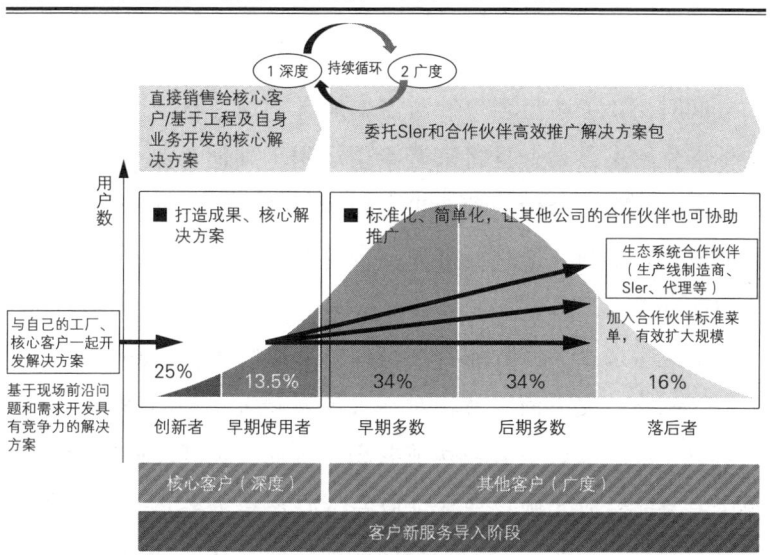

图表63●解决方案业务的两个阶段"深度"与"广度"

| | 1 深度 | 持续循环 | 2 广度 |

| 直接销售给核心客户/基于工程及自身业务开发的核心解决方案 | 委托SIer和合作伙伴高效推广解决方案包 |

用户数

- ■ 打造成果、核心解决方案
- ■ 标准化、简单化，让其他公司的合作伙伴也可协助推广

生态系统合作伙伴（生产线制造商、SIer、代理等）

加入合作伙伴标准菜单，有效扩大规模

与自己的工厂、核心客户一起开发解决方案

基于现场前沿问题和需求开发具有竞争力的解决方案

| 25% | 13.5% | 34% | 34% | 16% |
| 创新者 | 早期使用者 | 早期多数 | 后期多数 | 落后者 |

核心客户（深度） ｜ 其他客户（广度）

客户新服务导入阶段

【第一层】：标准化解决方案：核心客户与同行业及其他行业客户都面临的共同问题，针对这些问题制定的解决方案，可以同步运用于许多其他企业。

【第二层】：个性化解决方案：基于特定客户的发展现状或需求制定的解决方案，难以被同步运用到其他企业或行业中。

其中，【第一层】标准化解决方案，应作为投入资源发展的

重点领域。因为这是大部分平台的利润来源。在此基础上的【第二层】个性化解决方案，对于想要有效扩大业务范围的平台服务商来说，是应该避免的领域。可见，标准化解决方案是平台服务商的通用解决方案，个性化解决方案则是针对特定客户的服务方式，类似于负责咨询和整合的生态系统合作伙伴。平台服务商应充分了解这两者的特点，尽量减少需要特殊应对的情况。

同时，要主动与客户针对需求展开沟通。若是适用第一层的标准化解决方案，且将来有希望运用于其他企业，那就可以考虑采取战略性降价。若能扩大使用规模，那么该解决方案就可能成为未来的一个利润来源，当前的适当降价也就可以视为一项前期投资。

如此一来，平台服务商在包括第二层的个性化解决方案在内的客制化开发方面，就相对不容易提升客户的满意度，只能针对第一层的部分与客户达成共识。因此，在开发面向全球的解决方案时，应先确定在保证收益，且尽量为客户解决问题和需求的基础上，能实现多大程度的通用化。在此基础上与客户协商，并找到最合理的平衡点。这是重视客户满意度的日本企业一定不能忽视的要点。

在有组织地推进这些举措的过程中，应在组织或团队中设置一个"解决方案标准化"团队。事业开展的早期阶段等因资源不足而无法实现的情况下，也可以针对这一方面设置专门的会议，或作为特定审查项目予以管控。同时要与最了解核心客户的需求和问题，负责为客户提建议的销售团队一起，将多个

第10章 举措② 思考、实施具有竞争力的解决方案

客户的需求和问题进行分解,明确哪些属于第一层,哪些属于第二层,并在此基础上确定标准化解决方案。

收到核心客户的咨询时,团队人员一定会觉得很振奋,也会竭尽全力去获得客户的满意。然而从盈利的角度来看,应重新审视公司的经营模式是否太过偏重个性化解决方案,并思考其与标准化解决方案之间的平衡。

销售团队需要直接面对客户,所以无法承担起标准化的推动工作,因为这是一项与提升客户满意度相左的工作。所以标准化的工作应由独立的团队负责。先进企业也是如此,它们为标准化配备了专门的组织和人力资源,并持续对精英人才进行战略性岗位调整及培训。

为客户说明附加价值的咨询建议功能

在为客户说明解决方案价值的过程中,还有一项很重要的工作,就是为客户方的管理层提供咨询和教育服务。尤其是制造平台的导入,对客户公司而言无疑是一项重大的改革——这些一向以自我为中心的企业,需要导入其他企业的专有知识和技术作为解决方案了。因此,客户企业需要打破现有的框架,对自身做出重新规划。

这意味着,不仅需要为客户方的现场人员和业务负责人说明解决方案的价值,也要让管理层充分理解这一价值。在一家工业 IT 解决方案企业的先进案例中,我们可以看到在该公司与客户的讨论会中,一定会出现客户公司的工程师、负责人以及经营者的身影。该公司会积极向管理层说明这一解决方案会对

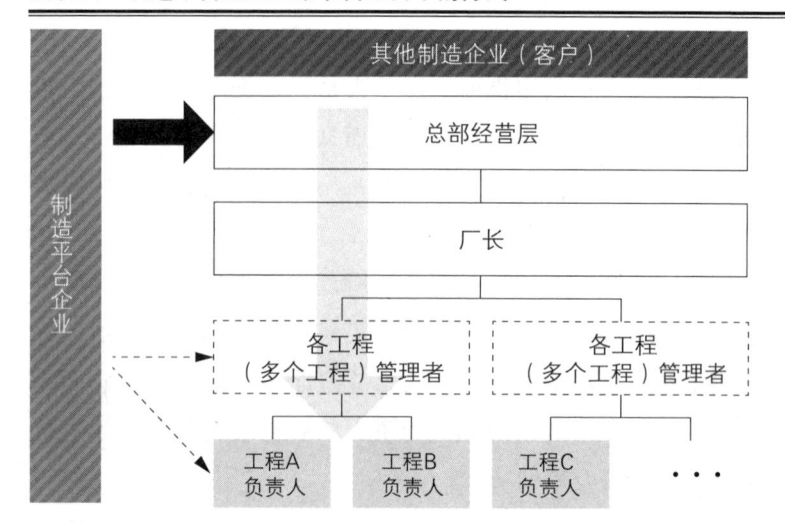

图表64 ● 制造平台企业应采取自上而下的方式

```
制造平台企业
    ├─ 其他制造企业（客户）
    │    └─ 总部经营层
    │         └─ 厂长
    │              ├─ 各工程（多个工程）管理者
    │              │    ├─ 工程A负责人
    │              │    └─ 工程B负责人
    │              └─ 各工程（多个工程）管理者
    │                   ├─ 工程C负责人
    │                   └─ ……
```

商业模式乃至公司整体经营产生哪些影响，以此引起管理层对导入、购买的重视。

如此一来，决策就会变得更加迅速，也能让全公司的所有部门参与其中。关键在于如何将解决方案的价值转换为"经营目标"。

例如，站在更高的高度来俯瞰个别工程或操作的效率提升和成本降低等问题，并基于经营目标提出客户价值的论点。除了功能和成本方面，更要让客户从价值的角度认识到解决方案对经营问题、公司成长、经营指标的影响，以及对商业模式改革的重要性。

单纯为了降低某项成本或补充某项特定功能的解决方案，在达到预期效果后就失去了持续使用的必要性。所以应与客户

第10章 举措② 思考、实施具有竞争力的解决方案

建立起长期的合作关系，分阶段提供服务，掌握客户在每个阶段的经营、业务发展重点。

当然，想要做到基于客户的经营目标提供相应的价值，就要充分了解客户的经营和业务结构。

接下来，我将介绍几个将解决方案的价值转换为经营目标的案例。机器人制造商等FA（工厂自动化）企业都有制造经营咨询方面的需求。要站在经营者的角度，将机器人的使用和自动化等商品的直接效益以咨询菜单的方式体现出来。从下列菜单案例中可以看出，仅靠自己的商品是无法实现所有经营价值的，要与合适的合作伙伴共同开发、使用解决方案。

应反复分析自己提供的解决方案是否符合经营所需，同时不断提升附加价值，这对提升制造平台本身的竞争力也是十分有帮助的。

【FA企业所提供的制造业经营咨询菜单的案例】

·制造经营控制盘：设计一个控制盘，对经营层在制造领域中决策时需要参考的所有信息进行整合，并为此改进生产线操作、导入IoT系统。

·基于可追溯性的确保，支援外资企业客户的事业发展：为零件制造商等欧洲客户（这些公司对制造过程的可追溯性有着严格的要求）提供自动化、确保可追溯性的生产线，以支援它们的事业发展。

第 11 章

举措③
高效扩大规模

第11章　举措③　高效扩大规模

1　借助生态系统实现规模效益（论点⑦）

生态系统玩家们

在平台商业领域，如何让自己的企业彻底融入生态领域，通过高效利用生态系统来提升规模效益，是非常重要的课题。

如前所述，虽然日本的制造业具有很强的独立经营志向，但也不乏在推进解决方案的过程中，受自身的资产、资源、顾客基础以及开发能力所限而遭遇事业瓶颈的情况。

特别是很多企业在对为特定客户量身打造问题解决方案的流程进行扩充应用方面、为客户提供初期解决方案的顾问咨询方面，甚至在整合现有业务和系统所需的人力资源、专有知识和能力等各方面，都有许多不足之处。

而那些先行企业却已开始致力于"如何与其他企业联手，打造高效的生态系统"。图表66中列出了在 B to B（面向企业）平台中形成的主要生态系统类型。

首先要提到的当然是平台的"①用户（需求方）"。对于平台而言，它们是作为价值提供对象的主体。在此基础上，就是"②咨询顾问及集成解决方案"，以便为用户提供导入支持以及设计服务的操作流程。

图表65 ● 如何有效扩大规模

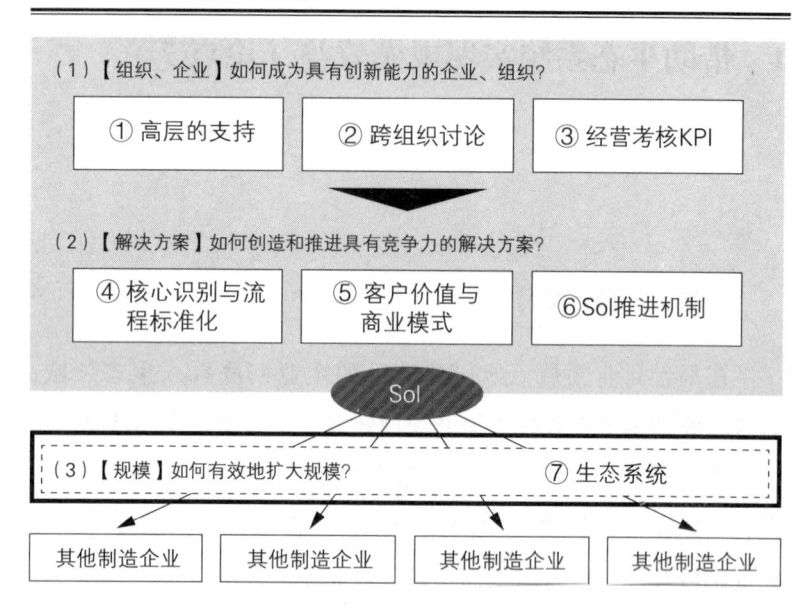

（1）【组织、企业】如何成为具有创新能力的企业、组织？

- ① 高层的支持
- ② 跨组织讨论
- ③ 经营考核KPI

（2）【解决方案】如何创造和推进具有竞争力的解决方案？

- ④ 核心识别与流程标准化
- ⑤ 客户价值与商业模式
- ⑥ Sol推进机制

Sol

（3）【规模】如何有效地扩大规模？　　⑦ 生态系统

其他制造企业　其他制造企业　其他制造企业　其他制造企业

其次，在平台中用于收集存储数据的"③连接硬件合作伙伴"以及通过AI·IoT等技术提升平台功能的"④技术合作伙伴"等环节也将发挥重要的作用。

当然，更为重要的是依托存储的数据向用户提供解决方案的"⑤供应商（提供方）"。作为供应商，有的是让具备程序开发能力的"⑥程序开发合作伙伴"提供解决方案，有的则是由具有产业技术及问题认知解决能力的"⑦专有知识合作伙伴"和⑥共同来完成。即便是不具备IT开发能力的企业，只要拥有程序搭建以及问题认知解决能力，也可以在平台上通过⑥的介绍，由⑦负责开发应用程序。

第11章 举措③ 高效扩大规模

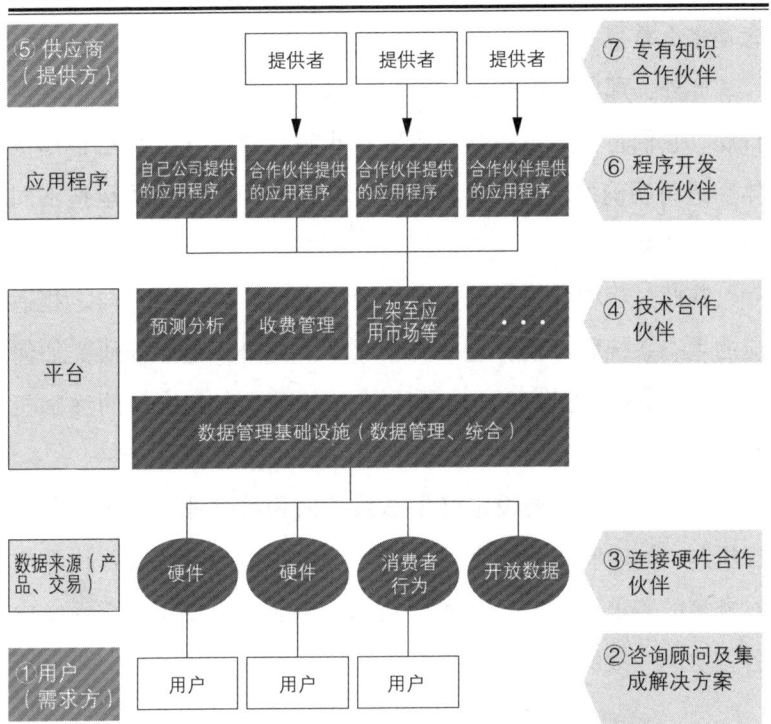

图表66 ● 产业平台所需的生态系统

层级	组成	合作伙伴
(5) 供应商（提供方）	提供者 / 提供者 / 提供者	⑦ 专有知识合作伙伴
应用程序	自己公司提供的应用程序 / 合作伙伴提供的应用程序 / 合作伙伴提供的应用程序 / 合作伙伴提供的应用程序	⑥ 程序开发合作伙伴
平台	预测分析 / 收费管理 / 上架至应用市场等 / …… ； 数据管理基础设施（数据管理、统合）	④ 技术合作伙伴
数据来源（产品、交易）	硬件 / 硬件 / 消费者行为 / 开放数据	③ 连接硬件合作伙伴
① 用户（需求方）	用户 / 用户 / 用户	② 咨询顾问及集成解决方案

如果局限于利用企业自身的资源为客户提供商业服务，那么企业自身的资源便成为业务拓展的天花板。但是，如果能够充分发挥生态系统的功能作用，那么商业扩张的规模和速度将会成倍增长。

例如微软等公司，就设定出本公司的收益和整个生态系统收益的比例标准。具体而言，该标准设定了整个生态系统带来的收益要达到本公司收益的9倍。从中不难看出，它们这些公司对繁荣兴盛的生态系统最终将为本公司带来丰厚收益这一理念是多么重视。

此外，那些先行企业会专门安排对生态系统内企业的支持行动。它们将本公司的核心领域和非核心领域（委托给合作伙伴）进行明确的区分，并构建起一套通过组织、团队承担不同职责的体系架构。

在此过程中事先明确生态系统的范畴，以及设定与之相适应的生态系统联动伙伴显得异常重要。此外，还必须研究如何设计生态系统的管理方式和针对生态系统合作伙伴的激励机制等。

不仅如此，还要设定好生态系统内相关企业的合理收益分配机制，同时制定一套完善的措施来支持生态系统合作伙伴应对顾客的需求等，通过这些措施，构建起一套便于凝聚系统内各方协同一致的机制。

建立伙伴关系的三种模式

初期生态系统的形成以及实现规模化的方法，即建立伙伴关系的方法主要有以下三种模式。

第一种是借向本公司或核心客户提供项目之机，促进形成生态系统的模式。这种模式最适合拥有自有工厂的制造业平台。

比如，欧洲某产业 IoT 平台就是运用同样的战略不断发展壮大生态系统的。它们在导入自有工厂或者本国汽车企业等核心客户项目的时候提倡相关方紧密协作，并以相关项目为基础，将其纳入本公司平台的生态系统中。

图表67 ● 平台启动期生态系统拓展的方向性

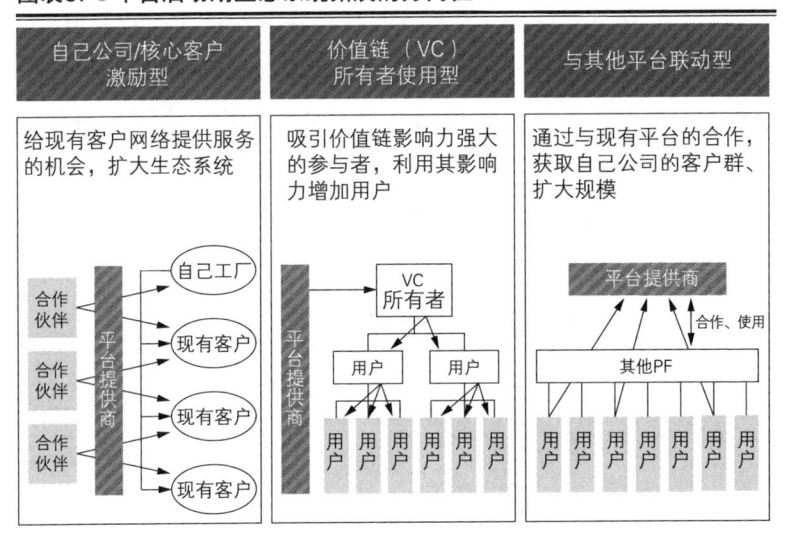

自己公司/核心客户 激励型	价值链（VC） 所有者使用型	与其他平台联动型
给现有客户网络提供服务的机会，扩大生态系统	吸引价值链影响力强大的参与者，利用其影响力增加用户	通过与现有平台的合作，获取自己公司的客户群、扩大规模

第二种是充分运用价值链所有者模式。这是一种首先从具有强大价值链影响力的企业入手，并充分运用其影响力扩大生态系统的模式。这种模式对于数字企业、具有可追溯管理体系的平台等这些只有纳入了一定的用户或者搭建了一定的生态系统才能产出价值的平台形式而言，最有效果。

比如IBM正在推进的以区块链技术为基础搭建的可追溯管理平台，纳入其中的就不是各个细分领域的食品加工企业，而是紧紧抓住沃尔玛、家乐福等具有巨大影响力的零售企业，然后通过强有力的供应商体系扩大IBM自己的用户规模。同样，如果要在数字企业或者生产共享平台中运用这种模式，可以从成品厂家等现有的采购渠道，或者从供应链的上游企业及供应链所有企业入手进行整合，这是有效的方式。

第三种是和已经拥有客户或合作伙伴基础的平台进行合作，不断扩大生态系统的模式。在这种模式下，可以是产业平台通过拥有软件交易功能的网络交易平台进行整合，或者与拥有自身网络的问题解决方案企业捆绑实现交叉销售①。

比如，对于前述的资深操作员 IoT 平台而言，通过它们的客户基础来运行作为大型整合平台短板的整个物联网运作程序，实现四两拨千斤的杠杆效应，也不失为一种方法。

---

① 译者注：交叉销售（cross-sell）是企业向已经购买产品或服务的客户，销售其他类型产品或服务，以满足客户的多样性需求。

第 11 章 举措③ 高效扩大规模

2 从 QCD 向 VPS 的竞争主轴变化

在生产制造业，随着平台商业规模的不断扩大，应制定企业的业务战略，以便随时捕捉竞争主轴的变化。在平台商业中，充分运用生态系统内的企业实现高效的规模效应非常重要。在此过程中，企业之间的竞争主轴也从传统的 QCD（品质、成本、交货）逐步转变为 VPS（价值、平台、协同效应）。

传统企业在商业活动中主要针对顾客应答和供应链等环节把控"QCD"。但是，进入平台商业时代后的商业活动，与顾客之间的应答互动关口前移至平台企业，顾客转而在平台上选择商品。因此，如何将顾客关注的价值（V），通过充分发挥平台的作用（P），和生态系统内的企业一道发挥协同效应（P）并进行呈现，就变得至关重要。

看到这里我们已经知道，建立在数字技术基础之上的专业技术和操作程序一直是日本企业的强项所在，接下来更重要的是要通过推动这些强项的数字化来提升其新的价值（V）。

正如本书反复提到的那样，先行企业正在着力运用的那些数字技术，是帮助占据优势的日本制造业进一步提升程序效率的工具。然而，坐拥这种内核价值优势的日本企业，却仍然在市场中失去竞争力，实在令人痛惜。我期待，日本企业能够不

图表68 ● 平台时代竞争主轴的变化（从QCD到VPS）

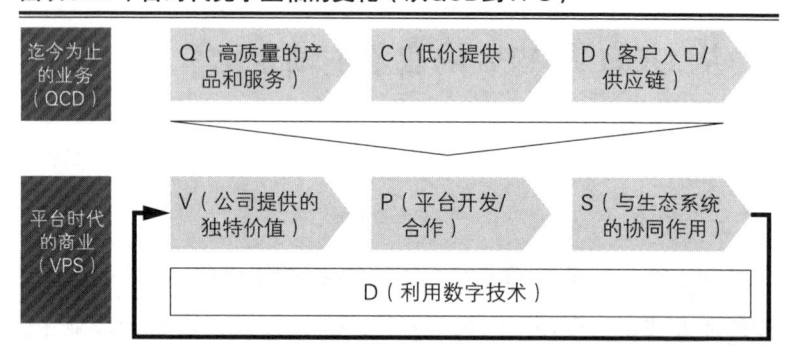

迄今为止的业务（QCD）	Q（高质量的产品和服务）	C（低价提供）	D（客户入口/供应链）

平台时代的商业（VPS）	V（公司提供的独特价值）	P（平台开发/合作）	S（与生态系统的协同作用）
	D（利用数字技术）		

局限于自身，积极与生态系统内的企业携手，搭建起高效运行的制造业平台。

结语 以 DX 为契机，
大力推动实施制造业平台战略

在推进构建制造业平台的过程中，需要有一个与开展传统业务大相径庭的巨大转变，即从过去埋头生产自己公司的产品，转向对其他制造业公司提供支援。这就要求企业首先在内部就为何要搭建制造业平台、搭建平台需要制定什么样的战略和依循什么样的程序等事项达成共识，以凝聚全公司的整体合力。

我期待借助这次数字化转型（DX）浪潮的契机，相关企业能够对此展开积极的研究探索。不过，在"数字化转型"概念满天飞的喧嚣中，也有案例显示数字化转型本身被变成了行动的最终目的。本质上而言，数字化转型并不是单纯数字技术的引进（D），而是要通过充分运用数字化来促进公司在经营和运行领域的变革（X）。要实现这一目的，就应当以数字化为契机，彻底弄清楚公司想为什么样的客户提供什么样的价值，想要构建什么样的商业模式和运营模式，并为实现这一目的坚决推动公司的数字化转型行动。

图表 69 梳理了数字化将为制造业带来什么变化。我们大体可以将其分为两种：其一是强化和提升现有运营效能的 DX 1.0

版,其二是构建全新商业模式的 DX 2.0 版。日本企业对制造业的数字化认识还停留在 DX 1.0 的水平,特别是很多企业只把关注点放在改善生产现场,或者实现特定部门既定业务的自动化方面。就如大家能通过本书认识到的那样,我们有必要从数字化对制造业的巨大影响以及如何制定对应之策等更宽广的维度重新对其进行把握。

图表69●制造业的DX方向型及制造平台战略定位

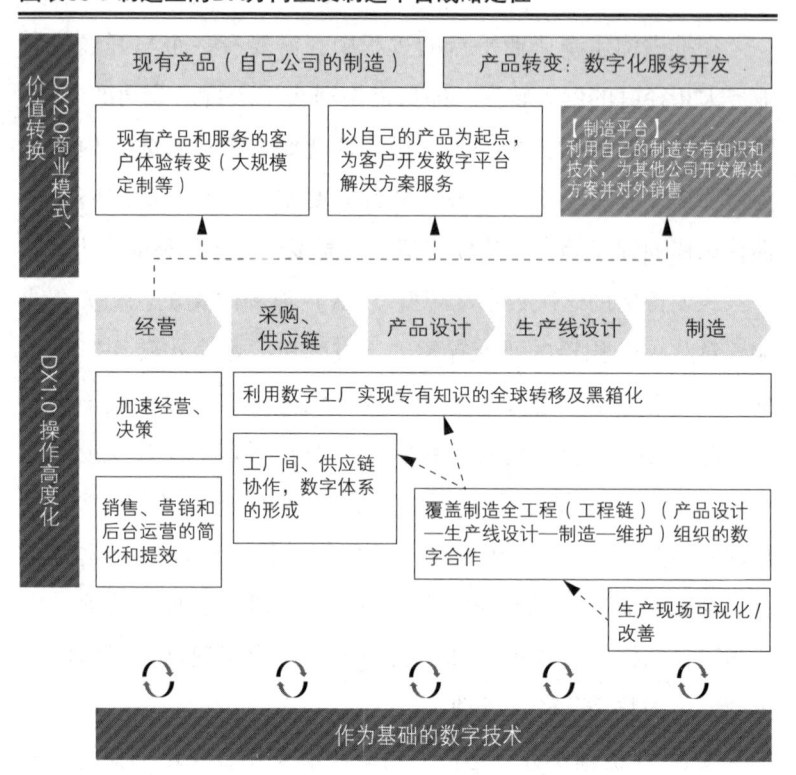

DX2.0商业模式、价值转换	现有产品(自己公司的制造)		产品转变:数字化服务开发
	现有产品和服务的客户体验转变(大规模定制等)	以自己的产品为起点,为客户开发数字平台解决方案服务	【制造平台】利用自己的制造专有知识和技术,为其他公司开发解决方案并对外销售

DX1.0操作高度化	经营	采购、供应链	产品设计	生产线设计	制造
	加速经营、决策		利用数字工厂实现专有知识的全球转移及黑箱化		
	销售、营销和后台运营的简化和提效	工厂间、供应链协作,数字体系的形成	覆盖制造全工程(工程链)(产品设计—生产线设计—制造—维护)组织的数字合作		
				生产现场可视化/改善	

作为基础的数字技术

结语 以 DX 为契机，大力推动实施制造业平台战略

本书所介绍的制造业平台战略，是 DX 2.0 的商业模式和价值转换的主要目的之一，必须将其放在经营、运行的全过程中加以研究和推进。我期待企业能够借助因近期兴起的 DX 浪潮而引发的业内大讨论之契机，不断深入探讨能够有效发挥日本企业强项的"制造业平台"战略。如果本书能够给那些正殚精竭虑苦思数字化时代竞争战略的日本企业提供些许助益，则为我之幸。

谢　词

本书得以付梓面世，仰赖各方的大力支持。首先，要感谢和我共同担任本书编辑的日经BP赤木裕介先生，是他在本书的企划、编辑、执笔过程中倾力协助，并且对"制造业平台"概念有着远超我的坚定信念。还有众多企业的相关各方，在百忙之中对我们的意见听取会和专题研讨会给予了大力支持，在此恭列名录，以表谢忱。

在采访中提供帮助的各方（根据企业名称的日语发音先后顺序排列）：

ANSYS, inc. Senior Director, R&D - Digital Twin Sameer Kher 先生

欧特克（Autodesk）株式会社　技术营业本部长　加藤久喜先生

株式会社 Sharing FACTORY　董事长　长谷川祐贵先生

达索系统（Dassault Systèmes）株式会社　DELMIA 事业部长　藤井宏树先生

谢 词

VAIO 株式会社　董事　常务执行董事　系冈健先生

株式会社滨野制作所　董事长 CEO　滨野庆一先生

HILLTOP 株式会社　常务董事　山本勇辉先生

此外,以下企业在图片提供和原稿核对中给予大力支持:

欧姆龙株式会社

川崎重工业株式会社

KUKAJapan 株式会社

SAP 日本株式会社

西门子株式会社

东芝电梯株式会社

株式会社电装（DENSO）

PTC 日本株式会社

富士通株式会社

博世（BOSCH）株式会社

博世力士乐（Bosch Rexroth）株式会社

三菱电机株式会社

武藏精密工业株式会社

此外,许多公司同人和亲朋好友针对本书内容提出了宝贵的意见和建议,令我得以在探讨碰撞中广泛收集各种观点。特别是松林一裕先生在本书企划阶段便提出了许多意见、建议,青岛稔先生和疋田时久先生为我穿针引线介绍采访对象,他们都为本书的面世倾尽全力,在此一并表示感谢。

NRI 公司为本书创作提供帮助的诸位（敬称略/按日语发音先后顺序排列）：

青岛稔、岩崎春奈、冈崎启一、冈本智美、小池贵之、松林一裕、田中雄树、重田幸生、佐藤修大、田中淳也、藤野直明、疋田时久、广濑安彦、宫森一德、劳伦斯·赫鲁斯特林

可以说没有各方的鼎力支持，就不会有本书的付梓面世。再次向在本书的企划中给予我无私帮助的各方、向在成书过程中有幸接洽的各方致以诚挚的谢意。同时，还要感谢我的妻子和我年仅 4 岁的儿子，在我执笔过程中为我默默地付出以及给予我的帮助。就此搁笔。

小宫昌人
2021 年 9 月

小宫昌人

野村研究所　全球制造业咨询部顾问

　　1989年生。擅长利用平台、循环收益战略等数字技术实现商业模式转型，为应对IoT/工业4.0以及数字孪生、机器人及创新创造提供支援。曾发表过多篇关于制造业/工业DX、工业4.0应对、平台战略的论文，并举办过多个围绕上述内容的讲座。曾在这些领域中为许多私营企业进行过咨询服务，也积极与国内外的相关机构展开合作。

　　合著有《日式平台业务》(日本经济新闻出版)。

"精益制造"专家委员会

齐二石　天津大学教授（首席专家）

郑　力　清华大学教授（首席专家）

李从东　暨南大学教授（首席专家）

江志斌　上海交通大学教授（首席专家）

关田铁洪（日本）　原日本能率协会技术部部长（首席专家）

蒋维豪（中国台湾）　益友会专家委员会首席专家（首席专家）

李兆华（中国台湾）　知名丰田生产方式专家

鲁建厦　浙江工业大学教授

张顺堂　山东工商大学教授

许映秋　东南大学教授

张新敏　沈阳工业大学教授

蒋国璋　武汉科技大学教授

张绪柱　山东大学教授

李新凯　中国机械工程学会工业工程专业委员会委员

屈　挺　暨南大学教授

肖　燕　重庆理工大学副教授

郭洪飞　暨南大学副教授

毛少华　广汽丰田汽车有限公司部长

金　光	广州汽车集团商贸有限公司高级主任
姜顺龙	中国商用飞机责任有限公司高级工程师
张文进	益友会上海分会会长、奥托立夫精益学院院长
邓红星	工场物流与供应链专家
高金华	益友会湖北分会首席专家、企网联合创始人
葛仙红	益友会宁波分会副会长、博格华纳精益学院院长
赵　勇	益友会胶东分会副会长、派克汉尼芬价值流经理
金　鸣	益友会副会长、上海大众动力总成有限公司高级经理
唐雪萍	益友会苏州分会会长、宜家工业精益专家
康　晓	施耐德电气精益智能制造专家
缪　武	益友会上海分会副会长、益友会/质友会会长

东方出版社

广州标杆精益企业管理有限公司

标杆精益® BENCHMARK LEAN

人民东方出版传媒 People's Oriental Publishing & Media
東方出版社 The Oriental Press

东方出版社助力中国制造业升级

书 名	ISBN	定价
精益制造001：5S推进法	978-7-5207-2104-2	52元
精益制造002：生产计划	978-7-5207-2105-9	58元
精益制造003：不良品防止对策	978-7-5060-4204-8	32元
精益制造004：生产管理	978-7-5207-2106-6	58元
精益制造005：生产现场最优分析法	978-7-5060-4260-4	32元
精益制造006：标准时间管理	978-7-5060-4286-4	32元
精益制造007：现场改善	978-7-5060-4267-3	30元
精益制造008：丰田现场的人才培育	978-7-5060-4985-6	30元
精益制造009：库存管理	978-7-5207-2107-3	58元
精益制造010：采购管理	978-7-5060-5277-1	28元
精益制造011：TPM推进法	978-7-5060-5967-1	28元
精益制造012：BOM物料管理	978-7-5060-6013-4	36元
精益制造013：成本管理	978-7-5060-6029-5	30元
精益制造014：物流管理	978-7-5060-6028-8	32元
精益制造015：新工程管理	978-7-5060-6165-0	32元
精益制造016：工厂管理机制	978-7-5060-6289-3	32元
精益制造017：知识设计企业	978-7-5060-6347-0	38元
精益制造018：本田的造型设计哲学	978-7-5060-6520-7	26元
精益制造019：佳能单元式生产系统	978-7-5060-6669-3	36元
精益制造020：丰田可视化管理方式	978-7-5060-6670-9	26元
精益制造021：丰田现场管理方式	978-7-5060-6671-6	32元
精益制造022：零浪费丰田生产方式	978-7-5060-6672-3	36元
精益制造023：畅销品包装设计	978-7-5060-6795-9	36元
精益制造024：丰田细胞式生产	978-7-5060-7537-4	36元
精益制造025：经营者色彩基础	978-7-5060-7658-6	38元
精益制造026：TOC工厂管理	978-7-5060-7851-1	28元

书　名	ISBN	定价
精益制造027：工厂心理管理	978-7-5060-7907-5	38元
精益制造028：工匠精神	978-7-5060-8257-0	36元
精益制造029：现场管理	978-7-5060-8666-0	38元
精益制造030：第四次工业革命	978-7-5060-8472-7	36元
精益制造031：TQM全面品质管理	978-7-5060-8932-6	36元
精益制造032：丰田现场完全手册	978-7-5060-8951-7	46元
精益制造033：工厂经营	978-7-5060-8962-3	38元
精益制造034：现场安全管理	978-7-5060-8986-9	42元
精益制造035：工业4.0之3D打印	978-7-5060-8995-1	49.8元
精益制造036：SCM供应链管理系统	978-7-5060-9159-6	38元
精益制造037：成本减半	978-7-5060-9165-7	38元
精益制造038：工业4.0之机器人与智能生产	978-7-5060-9220-3	38元
精益制造039：生产管理系统构建	978-7-5060-9496-2	45元
精益制造040：工厂长的生产现场改革	978-7-5060-9533-4	52元
精益制造041：工厂改善的101个要点	978-7-5060-9534-1	42元
精益制造042：PDCA精进法	978-7-5060-6122-3	42元
精益制造043：PLM产品生命周期管理	978-7-5060-9601-0	48元
精益制造044：读故事洞悉丰田生产方式	978-7-5060-9791-8	58元
精益制造045：零件减半	978-7-5060-9792-5	48元
精益制造046：成为最强工厂	978-7-5060-9793-2	58元
精益制造047：经营的原点	978-7-5060-8504-5	58元
精益制造048：供应链经营入门	978-7-5060-8675-2	42元
精益制造049：工业4.0之数字化车间	978-7-5060-9958-5	58元
精益制造050：流的传承	978-7-5207-0055-9	58元
精益制造051：丰田失败学	978-7-5207-0019-1	58元
精益制造052：微改善	978-7-5207-0050-4	58元
精益制造053：工业4.0之智能工厂	978-7-5207-0263-8	58元
精益制造054：精益现场深速思考法	978-7-5207-0328-4	58元
精益制造055：丰田生产方式的逆袭	978-7-5207-0473-1	58元

书　　名	ISBN	定　价
精益制造 056：库存管理实践	978-7-5207-0893-7	68 元
精益制造 057：物流全解	978-7-5207-0892-0	68 元
精益制造 058：现场改善秒懂秘籍：流动化	978-7-5207-1059-6	68 元
精益制造 059：现场改善秒懂秘籍：IE 七大工具	978-7-5207-1058-9	68 元
精益制造 060：现场改善秒懂秘籍：准备作业改善	978-7-5207-1082-4	68 元
精益制造 061：丰田生产方式导入与实践诀窍	978-7-5207-1164-7	68 元
精益制造 062：智能工厂体系	978-7-5207-1165-4	68 元
精益制造 063：丰田成本管理	978-7-5207-1507-2	58 元
精益制造 064：打造最强工厂的 48 个秘诀	978-7-5207-1544-7	88 元
精益制造 065、066：丰田生产方式的进化——精益管理的本源（上、下）	978-7-5207-1762-5	136 元
精益制造 067：智能材料与性能材料	978-7-5207-1872-1	68 元
精益制造 068：丰田式 5W1H 思考法	978-7-5207-2082-3	58 元
精益制造 069：丰田动线管理	978-7-5207-2132-5	58 元
精益制造 070：模块化设计	978-7-5207-2150-9	58 元
精益制造 071：提质降本产品开发	978-7-5207-2195-0	58 元
精益制造 072：这样开发设计世界顶级产品	978-7-5207-2196-7	78 元
精益制造 073：只做一件也能赚钱的工厂	978-7-5207-2336-7	58 元
精益制造 074：中小型工厂数字化改造	978-7-5207-2337-4	58 元
精益制造 075：制造业经营管理对标：过程管理（上）	978-7-5207-2516-3	58 元
精益制造 076：制造业经营管理对标：过程管理（下）	978-7-5207-2556-9	58 元
精益制造 077：制造业经营管理对标：职能管理(上)	978-7-5207-2557-6	58 元
精益制造 078：制造业经营管理对标：职能管理(下)	978-7-5207-2558-3	58 元
精益制造 079：工业爆品设计与研发	978-7-5207-2434-0	58 元
精益制造 080：挤进高利润医疗器械制造业	978-7-5207-2560-6	58 元
精益制造 081：用户价值感知力	978-7-5207-2561-3	58 元
精益制造 082：丰田日常管理板：用一张看板激发团队士气	978-7-5207-2688-7	68 元
精益制造 083：聚焦用户立场的改善：丰田式改善推进法	978-7-5207-2689-4	58 元

书　名	ISBN	定　价
精益制造084：改善4.0：用户主导时代的大规模定制方式	978-7-5207-2725-9	59元
精益制造085：艺术思维：让人心里一动的产品设计	978-7-5207-2562-0	58元
精益制造086：交付设计	978-7-5207-2986-4	59.8元
精益制造087：用BOM整合供应链生态	978-7-5207-2968-0	59.8元
精益制造088：PLM上游成本管理	978-7-5207-3396-0	59.8元
精益制造089：生产技术	978-7-5207-2781-5	68元
精益制造090：生产现场可视化	978-7-5207-3780-7	59.8元
精益制造091：制造业平台战略	978-7-5207-4090-6	59.8元